詩藝錄

舒蘭 著

前言

完全退休之後，不用上班，和老朋友一起聊天的機會也就多了，這個集子就是這樣聊出來的。

物以類聚，我們所聊的，多半是有關藝文方面的事，因為老了，多半又是些陳年往事。往事容易忘懷，也記不清，為了來龍去脈有時須要查考，查考像做學問，不做不知道，愈做愈有學問。

其中有幾篇在美國《世界日報》「上下古今」版發表過，有幾篇還得到「讀者回響」，收到「集思廣益」的效果，因此也影印附后，但自知不全，因為並不固定每天買報。

筆者認為，凡是能從中獲得良知良能者，皆是好文字，否則，即便是名筆大作亦不足取。

目次

戲曲電影篇

音樂篇

美術篇

翻譯篇

文學篇

一、中國最著名的一首詩

筆者認為，中國最著名的一首詩，是唐朝詩人張繼的那首〈楓橋夜泊〉。不過，它也是問題最多的一首詩。

張繼，字懿孫，生年不詳。湖北襄樊人，天寶十二年（西元七五三年）進士。作過檢校祠部員外郎、江西南昌鹽鐵判官。一次他路過蘇州，便作了這首詩。詩曰：「月落烏啼霜滿天，江楓漁火對愁眠。姑蘇城外寒山寺，夜半鐘聲到客船。」

宋神宗熙寧九年（西元一〇七六年），丞相王珪母憂，居吳門，親自把這首詩寫下來，刻在石碑上，放在寒山寺內。這是這首詩第一次刻石，但是不知何時不見了。明崇禎六年（西元一六三三年），文徵明又書刻一石，由於歲久漫漶，泐存不及十字。此為該詩第二石。清光緒三十二年（西元一九〇六年），又由俞樾重書一石，被譽為翰墨之寶。此第三石也。民國三十六年（西元一九四七年），吳湖帆請時人張繼（溥泉）也將此詩書刻一石，這是這首詩第四次刻石了。

一首詩，被歷代名家一而再，再而四的刻在碑上，已經是獨一無二恐怕也是空前絕後的了，更何況俞樾在〈新修寒山寺記〉裡說：「吳中寺院，不下千百區，而寒山寺以懿孫一詩，其名獨膾炙於中國，抑且傳誦於東瀛余寓吳久，凡日本文墨之士，咸造廬來見，見則往往言及寒山寺。且言其國三尺之童，無不能誦是詩者。」現代人陳定山，著有《春申舊聞》一書，他在該書中更說：「月落烏啼霜滿天，唐人張繼這首楓橋詩，日本人幾乎人人會唱，虹口六三花園的藝妓，彈著浮生三味線（弦子），梳著紅絲二把符，從他們滿塗著脂粉的東洋面孔口齒裡唱出，更是使和服才子唾壺擊缺。」因此筆者認為，它是我國最著名的一首詩。

張繼的這首詩，在唐人高仲武編的《中興間氣集》裡，題為〈夜泊松江〉；在《吳郡文粹》裡，題是〈楓橋晚泊〉；在宋人龔明之的《中吳紀聞》裡，連內文也不一樣了，「江楓」變成「江村」；「夜半」變成「半夜」。故在俞樾書刻的這塊碑的碑陰裡，俞樾留有這樣一首詩：「郇公舊墨久無存，待詔殘碑不可捫。幸有《中吳紀聞》在，千金一字是江村。」碑側還有江蘇巡撫陳夔龍的題記說：「張懿孫此詩，傳世頗有異同。題中『楓橋』，舊誤作『封橋』，『吳郡圖經續紀』已據王郇公所書訂正。詩中『漁火』，或誤作『漁父』，雍正間輯《全唐詩》所據本如此，然注云：『或作火。』則亦不以作『父』者為定本也。《中吳紀聞》載此詩作『江村漁火』，宋人舊籍，足可依據。曲園太史作詩以證明之，今而後此詩定矣！」

清宣統三年（西元一九一一年），布政使陸鍾琦在其〈重修寒山寺記中〉又說：「張詩膾炙人口久矣！『江楓』二字，輒不得其說。俞氏『雜纂』，從一本作『江村』。然地枕漕河，唐時已不名江。間嘗訪之土人，乃知寺前臨二橋，曰楓、曰江，遙遙相對。江橋，『志』謂之江村橋，在楓橋西南。是作『江村』者，本就橋言，則安知非合二名耶？」這是陸鍾琦對「江楓」二字的解釋。

他詩裡的那句「夜半」或「半夜鐘聲」，宋代歐陽脩認為，詩句雖佳，然半夜並非鳴鐘之時。對於這一批評，當代的王直方，著有《詩話》、葉夢得，著有《石林詩話》等等，在其著作裡都舉例為之辯證謂：吳中僧寺，實半夜鳴鐘，或謂之「定夜鐘」。由於以上例證，所以筆者說它也是問題最多的一首詩。

下面，筆者再談談這首詩在現今所引發的幾件事，當然，也僅僅在筆者所知有限範圍之內。前面提到陳定山的《春申舊聞》，筆者讀到的是民國六十七年的再版本，他在該書裡還說：「把寺裡的那口鐘也傳起神話來了。說什麼『江楓漁火對愁眠』，愁眠是太湖七十二峰裡的一峰，楓橋的鐘響，夜半人靜，在愁眠也聽得見的。因此就引起了日本人的盜寶之心」。（下面是談盜鐘和時人張繼書刻詩碑的事）之後筆者又在舊的《藝文誌》、《中外雜誌》和香港的《大成》雜誌上，看到一些這類的文章，在這裡值得一提的是，在某期的《中外雜誌》上，有卜國光一篇〈大陸尋奇——變調的寒山寺鐘〉，他在該文中說：「我一直以為『烏啼』是『烏鴉叫』，但據當地人說，『烏啼』是一座橋的名稱，就在楓橋不遠處的同一條河上。」又說：「我的這篇短文在《武進日報》刊出後，就有鄉友來信說：『烏啼是橋名從未聽說過，只聽說江楓漁火對愁眠，這愁眠是楓橋對面的一座小山的名稱。』」以上都是由這首詩所衍生的神話和傳說。

民國七十八年年底到七十九年年初，《中央日報・長河》版，有一場有關「江楓」的辯論，很有分量。說：「江楓不是江畔楓樹」的，可以楊振良作代表；說：「江楓是江畔楓樹」的，可以傅武光作代表。筆者認為傅武光這篇〈「江楓」不是楓樹嗎？〉頗有新意，就詩論詩非常妥當，因此摘錄於下，供作讀者參考。他說：「第一，『江楓漁火』解為『江畔的楓樹，漁舟的火光』是修辭上的『對偶』格的『句中對』，就是以『江楓』和『漁火』兩個『詞組』相對，有對襯、平衡之美，意象比較繁富。解為『江村橋與楓橋間的漁燈』，就變成只有一個『詞組』，只形容了一個漁燈，意象單薄。第二，『江畔的楓樹』意境空靈，而『江村橋與楓橋』則顯得質實。這是因為楓樹有豐富的象徵意義，而『江村橋和楓橋』則都是『石質所造』，很難有空靈的聯想。楓樹在秋天（正是『楓橋夜泊』的季節），葉子變紅，給人複雜而深刻的感受。韋應物詩：『坐厭淮南守，秋山紅樹多。』董西廂：『莫道男兒心似鐵，君不見滿川紅葉，盡是離人眼中血。』顯然紅葉有刺激鄉愁和離情的作用。張繼的江楓，應當是這層意思，詩意才更豐富。第三，張繼當時寒山寺前不管有沒有楓樹，都無礙於作者對楓樹的取材。因為既然有楓橋，就可以有楓樹的聯想。何況按照一般地名或水名、橋名的命名通則，楓橋應是因楓樹而得名才是。宋尤袤有《楓橋植楓記》，或許南宋初楓橋已無楓樹，故重種之；今宋人所種又已不復可見，則不能遽斷張繼時代必無楓樹。至今寒山寺內還有『楓紅第一樓』的名勝古蹟呢！第四，楓橋確定唐代已有，杜牧詩：『長州茂苑草蕭蕭，暮暮秋雨過楓橋。』可以為證。江村橋則我自己尚未有資料，無法確知。但就實地了解，今日楓橋與寒山寺同岸的橋端有古城樓，傍水而建，穿過城門，便上楓橋。此古城樓未知建於何時，但可知楓橋向來較受重視。張繼既以『楓橋夜泊為題，則當時縱有江村橋，他也應該是把船停泊在較靠近楓橋的地方。如果『江楓』指兩座橋，應作『楓江』比較合理。第五，寒山寺前的水道是大運河的支流，與大運河是『丁』字形相會。從江村橋到楓橋前有二百公尺。從楓橋到大運河則只有幾十公尺。這些大小水道都可以泛稱為江，要不然又何以取名江村橋呢？而且《中興間氣集》所收張繼此詩，題目正是〈夜泊松江〉！所以不能說『寒山寺前並沒有一條「江」，因而否定「江畔的楓樹」的說法。』」如果你是一位國文老師，你怎樣給學生講解這首詩呢？筆者認為傅文的說法最有說服力。

民國八十三年，筆者又在施蟄存著的《藝文百話》裡，讀到他寫的有關於這首詩詩碑的事。在他寫於一九八四年四月一篇〈寒山寺碑〉文章裡說：「蘇州寒山寺的『楓橋夜泊』詩碑，近年來報刊上屢有提到，今天又在《文匯報》上見到一文，說到抗戰時期有一位刻碑人錢榮初曾刻了一塊假碑，以代替真碑。又說這故事為香港《大公報》發刊作頭條新聞……當時我猜想，俞曲園寫的那塊碑，大概被日本人盜去了……奇怪的是，一九八二年，我在南京瞻園看到的兩塊名碑……俞曲園寫的寒山寺碑，在一個特建的碑亭裡……」

在施蟄存寫於一九八四年五月的一篇〈寒山寺碑信息〉一文中又說：「我寫了一篇關於寒山寺碑的小文，刊在四月二十二日《新民晚報》，當時是在病床旁寫的，但憑記憶，沒有檢查文獻。該文刊出後，陸續收到許多讀者來信，提供了各人所知關於此碑的信息。有常熟九十一歲的曹仲道老先生，有俞曲園的後人俞澤民同志，此外還有杭州林菁、蘇州鄧兆銘七八位，可知讀者關心此碑的大有人在……另外有一塊同樣的俞曲園書碑，在南京煦園不是瞻園，據說是漢奸江亢虎叫人從蘇州搬來的，也許當時是為了防止日本人偷走。德清蔡劍飛同志來信說，他在一九三五年夏天曾在楓橋住過一個月，在寺中看到的詩碑乃是南海康有為所寫，這一信息，我從來沒有聽說過……」

施文所談的，是有關這首詩詩碑的事，不難看出大家對於此事的關切。筆者於民國八十五年曾經到過南京和蘇州，可以證實的是：現在南京博物館內存放的「楓橋夜泊」詩碑，是一九三九年三月仿製的，材料是漢白玉，簡體字，附有英文說明。至於文中所說蔡劍飛在寒山寺所看到的詩碑，是康有為寫的。康有為寫的並非「楓橋夜泊」，而是另一塊碑。詩曰：「鐘聲已渡海雲東，冷盡寒山古寺風。勿使豐干又饒舌，他人再到不空空。」是有關那口古鐘的事，寫於一九二〇年。詳見一九九九年八月，江蘇古籍出版社出版，葉昌熾撰，張維明校補《寒山寺志》。

至於由這首詩裡的一句「夜半鐘聲」所引起的那口鐘的事，在陳定山和卜國光的文章裡也都有故事，就在最近二〇〇七年七月二十二日的北美《世界日報》「上下古今」版上，也曾刊出祥濤的一篇〈寒山寺的古鐘清鐘與日鐘〉，故而對此不再多贅。

最後要說的是，筆者對於這首詩的親身感受：民國三十八年，筆者是國立濟南第一聯合中學高中部學生，在廣州黃埔港，搭乘濟和號登陸艇，經過三十四小時的航行，於七月七日下午抵達臺灣澎湖漁翁島，當夜露宿外安一個小漁村的海邊。這時海風陣陣，海面漁火點點，腦海裡突然冒出這句「江楓漁火對愁眠」的詩來，心裡一時有說不出的滋味。後來筆者便時常對人說，我懂得這首詩。其實當時是「海風漁火對愁眠」，也只體會到「對愁眠」這一意境。而後讀到前述這些書和文章，才自認對這首詩知道的不多，怎能自說「懂得」了呢？

又陳定山說：「按唐人張繼一生就傳了這一首詩。」其實不然，宋人葉夢得在他《石林詩話》中說：「繼詩三十餘篇，余家有之，往往多佳句。」卜國光在他的文章中也說：「張繼老年又過蘇州，也作了一首詩：『白髮重來一夢中，青山不改舊時容。烏啼月落寒山寺，欹枕仍聞半夜鐘。』」這首詩，筆者在于佑任的書法中也見過，題是〈再到楓橋〉。

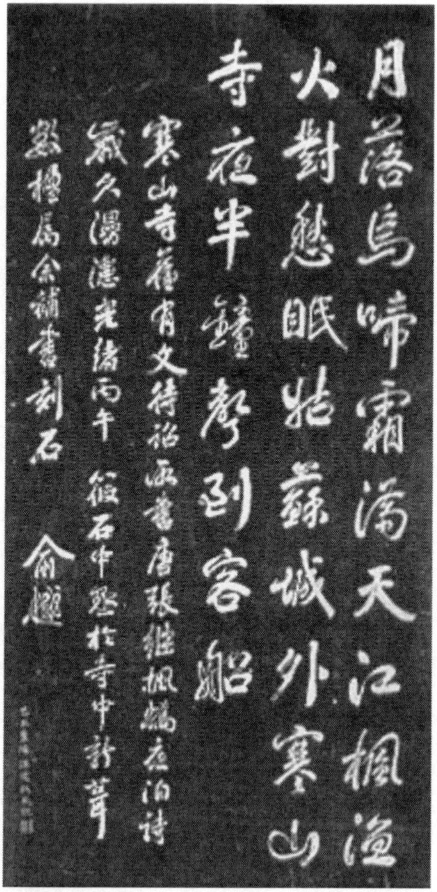
月落烏啼霜滿天江楓漁
火對愁眠姑蘇城外寒山
寺夜半鐘聲到客船
寒山寺舊有文待詔所書唐張繼楓橋夜泊詩
歲久漫漶光緒丙午 筱石中丞於寺中新葺
數楹屬余補書刻石
俞樾
俞樾書張繼詩。

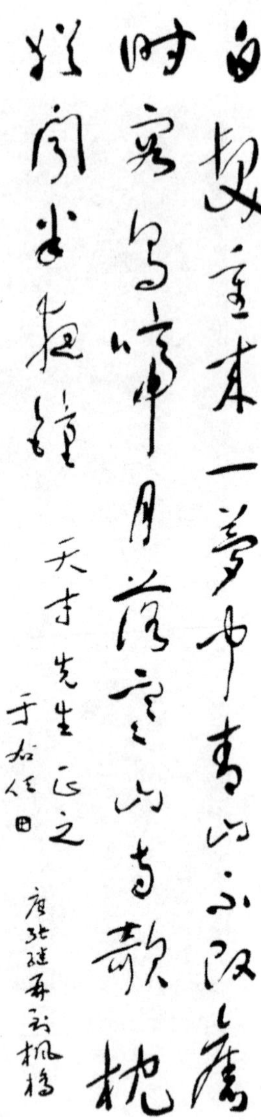

于右任書唐張繼〈再到楓橋〉。

白髮重來一夢中，青山不改舊時容。
烏啼月落寒山寺，欹枕仍聞半夜鐘。

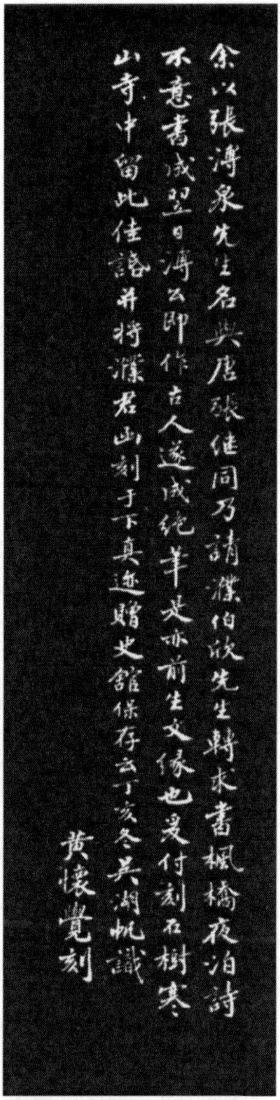
余以張溥泉先生名與唐張繼同乃請濮伯欣先生精求書楓橋夜泊詩
不意書成翌日濮公即作古人遂成絕筆是亦前生文緣也爰付刻石樹寒
山寺中留此佳話并將濮君書刻于下真迹贈史館保存云丁亥冬吳湖帆識
黃懷覺刻
吳湖帆題黃懷覺所刻詩碑。

1996年，作者（中）與弟戴書陸，弟妹歐素美，同遊蘇州寒山寺，攝於楓橋。該橋於清同治年間重建，左前方即張繼「楓橋夜泊」處。現名為楓橋鎮楓橋灣。

二、「琵琶行」與「琵琶亭」

在蘅塘退士（孫洙）選輯的《千家詩》裡，只選了中唐詩人白居易一首〈直中書省〉，但在《唐詩三百首》裡，卻選了六首，包括〈長恨歌〉和〈琵琶行〉兩首長詩在內。

〈長恨歌〉是寫唐玄宗和楊貴妃的故事，經常被人引用的是「在天願作比翼鳥，在地願為連理枝」；該詩作於唐憲宗元和元年（西元八〇六年）校書郎任滿，應才識兼茂明於體用科登第，授盩厔尉任內。

〈琵琶行〉一詩，是借商婦的琵琶聲，撰寫其遷謫之感，經常被人引用的是「同是天涯淪落人」，也是全詩的關鍵。該詩作於元和十年（西元八一六年），宰相以白居易不應在台諫官之先，上疏言武元衡被刺事，同時，忌之者又誣白居易其母因賞花墜井而死作〈賞花〉、〈新井〉詩，甚傷名教，因此被貶為江州司馬之時。

唐宣宗作弔白居易的詩中有：「童子解吟長恨曲，胡兒獨唱琵琶篇」兩句，可說是對白詩最好的批評。清代《甌北詩話》作者趙翼也說：「中唐詩以韓、孟、元、白為最。韓、孟尚奇警，務言人所不敢言；元、白尚坦易，務言人所共欲言。」而一般人也都以「平易近人，老嫗都解」來評論他的詩風。

他有很多名句，除前敘兩詩外，例如「野火燒不盡，春風吹又生」，是他的少作〈賦得古草原送別〉一詩裡的名句；還有他的詞，〈花非花〉、〈憶江南〉，也都膾炙人口。

白居易，字樂天，太原人，元和進士，遷左拾遺，貶江州司馬，后召還，官至刑部尚書。晚年放意詩酒，號醉吟先生，居香山，稱香山居士。

他在江州（江西九江）任司馬四年，勤政愛民，百姓都認為他是一位難得的好官，為了感懷他，就在他「潯陽江頭夜送客」的地方，建了一座「琵琶亭」。

該亭歷經唐、宋、元三代，時毀時修，到了明、清、民國，亦復如此。直到大陸變色，徹底毀於：「文化大革命」。而在所謂的「改革開放」之後，又大規模的重建起來，地點仍在九江市東北潯陽江畔，「琵琶亭」三個大金字為大畫家劉海粟所題，內部有白居易像及其文物等。

三、蘇北三大家

1、施耐庵

我國有「六大才子書」，依次是《莊子》、《離騷》、《史記》、《杜詩》、《水滸傳》、《西廂》。這是十七世紀我國印象派大批評家（林語堂語）金聖嘆列出的，並稱：「天下文章無有出水滸右者，天下之格物君子無有出施耐庵先生右者！」魯迅和胡適也都贊同他的說法。《水滸傳》有七十回本、百回本、百二十回本三種，金聖嘆斷為：「七十回後為施耐庵弟子羅貫中所續」（此無關「水滸後傳」），又該書原名應為《江湖豪客傳》，即梁山泊一百單八將。

有人懷疑，《水滸傳》的作者不是施耐庵，甚至懷疑是否真有施耐庵這號人物。也有人說，施耐庵是杭州人，錢塘，東都（洛陽）、江蘇姑蘇、淮安、興化人等。在二十世紀二十年代，由於施耐庵的史料陸續發掘，諸如「施氏族譜」、「施氏長明譜」，淮安王道生撰「施氏墓志銘」，「興化縣續志」裡的「施耐庵傳」、「施耐庵墓記」，以及近數十年在江蘇省又發現一批有關施耐庵的文物，其中有大豐縣施家橋出土的「施讓地券」、「施廷佐墓志銘」、「施氏家簿譜」等，不但證實了確有其人，連他的籍貫和是《水滸傳》的作者也都確定了。雖然仍有爭議的地方。

施耐庵：名子安，又名肇瑞，字彥端，別號耐庵，約生於元成宗元貞二年（西元一二九六年，卒年不詳。祖籍江蘇蘇州，後遷興化，歿於淮安，其孫將其遺骨移至大豐縣白駒村。生前曾任官或流寓浙江錢塘，也曾在江陰一帶執教。據說元朝末年，張士誠曾邀他一起起義，明太祖朱元璋曾親自或派軍師劉伯溫請他出仕，但都被他婉拒，專心一意閉門著書。除《水滸傳》（江湖豪客傳）外，另著有：《志餘》、《三國志演義》、《隋唐志傳》、《三遂平妖傳》等。

現在興化縣施家橋有「耐庵公坊」、「大文學家施耐庵先生之墓」；大豐縣有「施耐庵紀念館」等。

2、吳承恩

中國還有「四大奇書」一說，這四大奇書依次是：《三國志通俗演義》、《水滸傳》、《西遊記》、《金瓶梅詞話》。在這裡我們要談的是《西遊記》。

《西遊記》在明清兩代的刻本上，多署名「朱鼎臣撰，邱處機署」，有的甚至只有「校閱人華陽洞天主人，評點人李贄」等字樣。直到吳玉搢在其《山陽誌遺》裡才指出，《西遊記》是吳承恩所著。清代錢大昕、丁晏、焦循這些專家學者均宗其說，不過也有毛奇齡、王培荀等持相反意見。

民國以來，魯迅與胡適等也尊吳玉搢的說法，魯迅曾說：「人多以為《西遊記》是元朝道士邱長春作的，其實不然，邱長春自己另有《西遊記》三卷，是紀行體，人們誤以為是一種。加上清初刻《西遊記》小說者，又將長春真人『西遊記序』冠其首，便信《西遊記》是邱長春作的了……實則作《西遊記》者，乃江蘇山陰人吳承恩。」這樣說是夠清楚的了，胡適的〈《西遊記》考證〉我們就不再引了，筆者認為，魯迅與胡適兩位的治學精神是絕對值得我們信任的。

吳承恩：字汝忠，號射陽山人，約生於明孝宗弘治十三年，卒於明神宗萬曆十年（西元一五〇〇～一五八二年），先世籍江蘇漣水，後遷淮安（山陽）。吳國榮在其「射陽先生存稿跋」中說他：「髫齡即以文鳴於淮」、「幼年即好奇聞」，常偷「野言稗史」、「私求隱處讀之」（禹鼎志序）。

吳氏不僅能詩文，且善畫，「間作山水人物，觀者以為通神佳手」（陳文燭〈花草新編序〉）。詩有〈二郎搜山圖歌〉等，約與《西遊記》作於同一時期，即明嘉靖十八年（西元一五三九年）前後。亦擅書，可謂多才多藝，但科場不利，到六十三歲才以歲貢補長興縣丞。不到三年，遭人誣告貪贓，出獄後回歸故鄉，後雖真相大白，補荊州紀善，但他僅領乾俸，並未到任。現在淮安有吳氏故居「射陽移」、「吳承恩之墓」等。

3、鄭板橋

在我國繪畫史上，能以民族感情為重，出現清新面貌者，當數揚州畫派「揚州八怪」，他們是：鄭板橋、金農、羅聘、汪士慎、李鱓、黃慎、高鳳翰、李方膺八人。八人中又以鄭板橋最具代表性，不論是思想、藝術，作風都怪，可謂怪中之怪。世人多稱他詩、書、畫三絕。馬宗霍在他的「袖林藻簽，松軒隨筆」中，稱他有三真，即真氣，真意，真趣。

鄭板橋：名燮，字克柔，號板橋居士，板橋道人，人稱板橋先生，生於清康熙三十二年，卒於乾隆三十年（西元一六九三～一七五六年），江蘇興化人，康熙秀才，雍正舉人，乾隆進士。歷官山東範縣、濰縣知縣，有惠政。論詩，他推崇杜甫憂國憂民的大題材，他的詩則以題畫詩、山水詩、抒情詩成就最大。他的書法古樸奇崛，雄渾清勁，不落窠臼。論畫，以梅、蘭、竹、菊四君子為主，松、石亦佳。構思巧妙，筆墨多變，出神入化，印宗丁敬（浙派），古拗峭折，直追秦漢，詞文風格多樣，頗多名篇。

他有一些戀愛小故事，都坦誠寫在他的詩詞裡，絲毫不加掩飾，初戀的王一姐，兩位小表妹、小珠娘、西村、賣花女、僕人王鳳、歌妓招哥等。

他有一首〈憶秦娥〉詞，是為懷念他初戀的小情人王一姐寫的，未見收入《鄭板橋全集》，茲錄於後，和大家分享：

「何時了，有緣還是無緣好，怎生禁得，多情自小，重逢難覓回生草，相思未刷招魂稿，招魂稿，日如有恨，天胡不老？春光瀉，春風記得花開夜，明珠雙贈，相逢未嫁，舊時明月雙鉤掛，至今提起心還怕，漏聲初定，玉樓人下。」雖是幼時初戀，到老念念不忘，實乃多情之人。

他晚年客寓揚州，以賣字畫度日。當年的揚州，就像小仲馬筆下的法國巴黎，鄭大師也像小仲馬一樣，尚不知有多少《茶花女》一般的故事。現今興化縣有他自題的「聊避風雨」故居。

王維「雜詩」云：「君自故鄉來，應知故鄉事」，筆者是蘇北人，有幸記述鄉賢事蹟，倍感親切，與有榮焉。

四、中國最早的幾本兒童讀本

中國最早的兒童讀本，是《三字經》。其次是《朱子家訓》、《幼學瓊林》。雖然《千字文》和《百家姓》比它們還早一些，但是因為功用不同，內容也就不一樣了。

《千字文》，依據《太平廣記》（宋太平興國二年（西元九七六年）李昉等奉敕所撰）記載：「梁武帝教諸王書，令殷鐵石於大王書中，楊一千字不重者，每字片紙，雜碎無序，帝召興嗣謂曰：「卿有才思，為我韻之」，興嗣一夕編綴進上，鬢髮皆白」。這說明這本書是用來學習書法的，對識字也有幫助，頂多像現代國小一年級兒童所用的「首冊」。梁武帝在位是自西元五〇一年至五四九年，這本書的完成應該是在這四十多年之間。

《百家姓》依「玉照新志」（玉照，山名，在河南省浙川縣南）上說「兩浙錢氏有國時小民所著」。錢鏐始稱吳越王時在後唐，起於西元九二三年，至九七八年吳越錢氏國除。若從此說，該書應成於這五十多年之間，整體上並無意義，和《千字文》一樣，只是編成韻語便於兒童記誦而已。

《三字經》則不然，它是一本很了不起的書，相傳為宋朝末年區適所著，明代黎貞續成，前清章太炎重訂，這三位都是富有真才實學的夫子。區適是廣東南海人，以博學多聞見稱，從遊者有數百人。黎貞是新會人，洪武初年曾為本邑訓導，從遊者更多。章太炎是餘杭人，曾任時務，昌言報撰述，民國成立，創「章氏國學講習會」，致力講授著述，是一位名滿天下的樸學大師，精通文字、音韻、訓詁之學。他在重訂《三字經》序中說：「是書先舉方名事類，次及經史諸子，所以啟蒙稚者略備，然諸所舉人事部類，其切者猶未具，明清人所增尤鄙，於是重為修訂，增入者三之一，更定者亦百之三四。」

至於《朱子家訓》，也叫《朱子（治家）格言》，是明代朱柏廬所作。《幼學瓊林》是清代程允升所作，原名《幼學須知》，嘉慶年間由鄒聖脈增補過，簡稱《幼學》。內容以廣採倫理、歷史、社會、自然等各種常識、典故彙編而成是一本便於兒童記誦的駢語，以上所說的這兩本書，幼時教我的先生並未採用，內容也是以後自己看過方才知道。

在念這些書時，是在鄉間「私塾」裡，我今年七十歲，可能是受這種教育的最末代，記得那時我們是「黎明即起」（朱子家訓中句），到了「學屋」之後，先溫習舊書，此時滿屋書聲朗朗，如夏蟬爭鳴，此起彼落。等先生來了，一下又禁若寒蟬，然後一個接著一個拿著自己的書本到先生書桌前面去背（把書本放在先生桌上，轉身搖頭擺尾左右晃動，快速背誦），稍有停頓，被認為還不夠熟，拿回座位重讀，如是背得滾瓜爛熟，先生在背過的那段上方，用朱砂紅筆記下日期，再用筆桿指著新的一段字句，教著念，教念一兩遍後，拿回座位自己去念，念熟了再拿去背，這樣一天分上下午兩階段（中午放學回家吃飯，飯後回來寫大小楷）一天可背六七段。段數長短由先生以各人能力而定。

一本書一段一段背完了，還要從頭到尾整本重背一遍，這叫「包本」；一本書包本了，再換一本新的。我背完《百家姓》、《三字經》（這等於是讀完小學了）之後，換的是《上論》、《下論》（論語分上下兩部），而後是《上孟》、《下孟》（孟子也分上下兩部），這等於是念完初中了，等念《詩經》開講的時候，就被大哥帶去北京念「洋學」了。前面所說的這幾本書，現在早已成為骨董，「私塾」這個名詞也早已不為人知了，但以我這個過來人來說，還是滿懷念的，並且認為，那時的兒童教育像直接吃母奶，現在是用奶瓶吃牛奶。

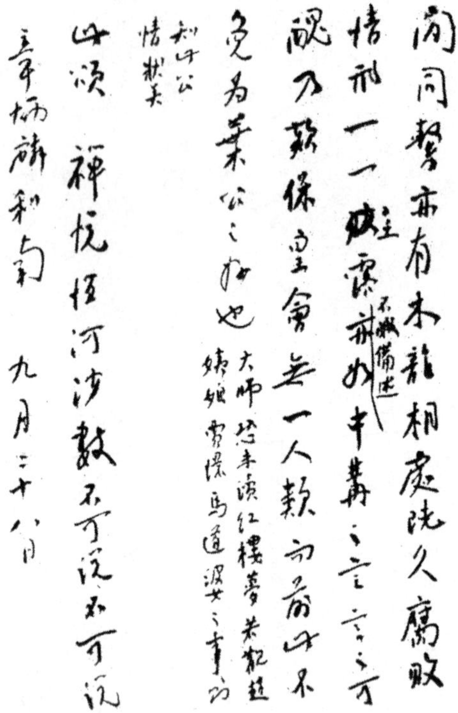

聞同聲亦有木龍相處既久腐敗
情形一一暴露（不勝備述）中冓之言言之可
醜乃欲保皇會無一人歎而前此不
免為某公之掩也　大師想未讀紅樓夢若記趙
姨娘賈環馬道婆之事則
知此公
情狀矣
此頌　禪悅恆河沙數不可說不可說
章炳麟和南　九月二十八日

章太炎手跡。

五、以史流芳的詩人
——連橫

詩人連橫，一生作了不少熱愛鄉土的詩篇，是一位相當傑出的鄉土詩人，但是他的詩名和其他著作，都被他的一部空前的《臺灣通史》的光芒給掩蓋了。在此，讓我們先錄他幾首詩來看看：

台南

文物台南是我鄉，歸來何處問行藏。
奇愁繾綣鶯江柳，大淚滂沱哭海桑。
卅載弟兄猶異宅，一家兒女各他方。
夜深細共荊妻語，青史青山尚未忘。

寧南春望

寧南春色夢中橫，刧後登臨氣未平。
青草白沙烏鬼渡，綠煙紅雨赤嵌城。
豹文暫隱何曾變，龍性難馴或一鳴。
淒紀釣游歸時地，夕陽空下馬兵營。

寧南門春眺

春風駘蕩酒初醒，問柳尋花出野桐。
半壁江山餘涕淚，百年身世感飄零。
名王去後城留赤，妃子埋時塚尚青。
極目騎鯨人不見，怒濤猶足捲南溟。

以上三首七律，選自詩人《台灣詩乘》，另著有《劍花室詩集》。在〈寧南春望〉一詩中所言的「馬兵營」，原注為：「馬兵營，鄭氏駐兵處，乙未之後，全村被遷，余家亦遭毀，此恨綿綿，何時能已！」原來詩人的祖先連興位公，從大陸福建龍溪遷來台灣之時，即定居於此，到詩人這一代已是第七代。老宅環境清幽，樹木蒼鬱，又經詩人的父親連永昌公將房舍加以翻修擴建，實在是一理想住所。

怎奈在台灣割讓給日本之後，日人強占連家老宅為法院，連氏家族被迫遷出，所以詩人在〈台南〉一詩中有：「卅載弟兄猶異宅，一家兒女各他方」的詩句。在〈寧南門春眺〉一詩中，有「極目騎鯨人不見」的句子，據《台灣志略》載：「鄭成功收復台灣時，紅毛（指荷蘭人）望見一人冠帶騎鯨，從鹿耳門而入，隨後，成功舟由是港進。」

詩人於清光緒四年（一八七八年）出生於台灣台南，字武公，號雅堂，除著有前述詩集外，另著有《雅堂文集》、《台灣通史》、《台灣語典》等。現在就讓我們簡略的來談談他後面這兩部巨著的經過。

詩人的父親永昌公，在經商之餘，嗜讀書，尤愛讀史，詩人小時受父親的影響，也是如此。父親常對他說：「你是台灣人，不可不知台灣的歷史，你對此應認真研讀。」這對詩人後來關心史乘、鑽研史學、撰寫《台灣通史》有很大的、直接的啟發和影響。

光緒二十一年（西元一八九五年），甲午（西元一九八四年）之戰以後，他的家鄉台灣被清廷割讓給日本，父親又在六月過世，詩人不但成了棄民，也成了孤兒。這年他才十七歲，國恥、父喪，使他受到沉重的打擊。

光緒二十三（西元一八九七年），他到上海、南京結婚，婚後就在《台南新報》擔任漢文部記者。一九〇四～〇五年，日俄戰爭爆發，他二次攜眷到大陸，在福建廈門創辦《福建日日新報》。當時南洋同盟會派福建林竹痴到廈門，遂將該報改為同盟會機關報，詩人仍在該報任編輯。後因該報鼓吹排滿，言論過戾，被迫停刊。詩人只得再回台灣，在《台南新報》和台中《台灣新聞》任漢文部編輯和主筆。即在此時，他在工作之餘開始搜集資料，準備撰寫《台灣通史》。

一九一一年，辛亥革命以後，他的心情為之大振，又從臺灣取道日本到達上海，由南洋同盟會會長陳楚楠介紹他在上海華僑聯合會會長陳楚楠介紹他在上海華僑聯合會主編的《華僑雜誌》工作。這時他對中國收回臺灣寄予莫大的希望。

一九一四年，因奔母喪，他又回到臺灣，除一度到《臺南新報》工作外，其餘時間多用在整理文獻資料和撰寫《台灣通史》上。為了寫這部書，他從隋代大業元年（西元六〇五年）到光緒二十一年（西元一八九五年），凡一千二百九十年間有關臺灣的史料全都搜集，並且反覆鑑別、精選、撰寫，前後花費了十年的時間，終於在一九一八年完成初稿，一九二二年在臺灣出版。

連橫本人在該書自序中說：「古人有言，國可滅而史不可滅。……然則臺灣無史，將無以昭示後人，又豈非今日我輩之罪乎？」又說：「我祖宗渡大海，入荒陬，以拓殖斯土，為子孫萬年之業者，其功偉矣。」此真道出他寫這一部書的本意。

他的夫人沈璈女士在其後序中則說：「臺自開闢以來，三百餘載，無人能為此書；而今日三百餘萬人，又無人肯為此書。」因此，連氏網羅舊籍，旁徵新書，撰成通史，不但是他個人在史學上的一大成就，就臺灣發展的歷史來說，也有其不可磨滅的功績。無怪乎章太炎在讀這部書時，對連氏讚曰：「此英雄有懷抱之士也！」

該書計分上、中、下三集，全書共六十萬字，內容包括紀四、志二十四、傳六十，共八十八篇。書中以無可否認的事實，證明臺灣自古以來就是中國的領土，臺灣的開闢與繁榮，是中國大陸的人民，尤其是閩粵人民同當地人民，一起披荊斬棘、篳路藍縷開創出來的結果。

《臺灣通史》出版之後，連橫本來還想再寫《續編》，記述臺灣淪為日本侵略者以後的血淚史，怎奈當時在日本殖民統治之下，文網森嚴，未能如願，成為他一件憾事，深感：「此願未償，徒呼咄咄，棄地遺民，別有難言之痛也。」

「其中既多古義，又多古音，有正音，有變音，有轉音，昧者不察，以為台灣語有音無字，此則淺薄之見耳。」

他用可靠的材料，說明了絕大多數的台語是有音有字的，每字皆有來歷，而且許多字的讀法出自周、秦。《台灣語典》一書從語言上論證台灣與大陸是血肉相連的關係。這在文化的貢獻方面來說，並不亞於《台灣通史》。

一九三三年，連氏第五度回到大陸，移往上海，並決心終老於此。時在大陸工作的他的獨子連震東，由西安趕來省視雙親，詩人對子表示：「我年事漸高，但精神尚健，此後當繼續著作，對國家有所貢獻。」

一九三五年春，連氏偕夫人遊歷關中一帶，此處是中華民族的發祥地。只可惜天不假年，詩人於一九三六年六月病逝於上海。曾任中華民國交通部長、外交部長、行政院長、副總統，現任中國國民黨主席的連戰，是他的孫子。他們幾代好像都是單傳。

（二〇〇五年四月二十八日至四月三十日發表於北美《世界日報》「上下古今」版。）

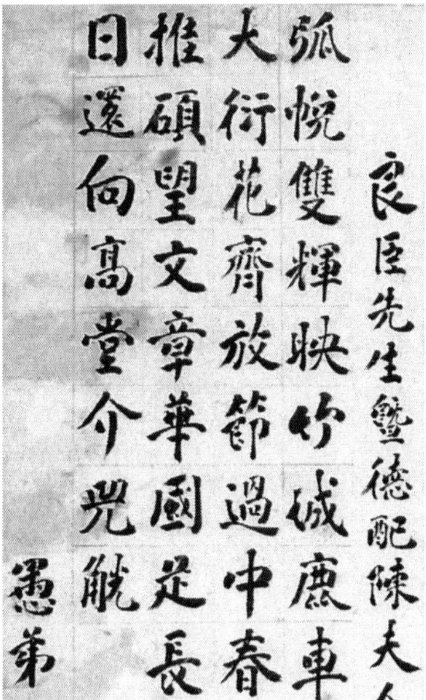
良臣先生暨德配陳夫人五秩雙慶
弧帨雙輝映竹城鹿車鴻案久知名疇開
大衍花齊放節過中春月兩明孝友傳家
推碩望文章華國足長生百齡伉儷稱觴
日還向高堂介兕觥
愚弟連橫敬撰

連橫手跡。

六、首創中國第一個革命文學社團

——詩人柳亞子與南社

柳亞子，原名柳慰高，字景山，後改安如。十五歲讀盧梭《民約論》，改名人權，字亞盧，別號「中國少年之少年」（鄒容贈送的）。

二十歲接受高天梅建議，更名亞子。筆名計有：棄疾子、柳棄疾、俠少年、虛無、青兕、松陵女子潘小璜、稼軒、憤民、漢種之中一漢種、及時雨宋江、唐穩芝、南史、尚左生、活埋庵主人、春蠶……。室名有：磨劍室、樂天廬、活埋庵、羿樓、羿廬、射日齋、上天下地之廬……，以上所有名字，均有因果典故。

柳亞子生於清光緒十三年（西元一八八七年），江蘇吳江人。父柳純齋，清朝廩生；母費淑芳，深諳國學。柳氏自幼受母親教育，十歲即能作詩論文，稱得上是神童。十五歲進秀才。

十七歲，經陳去病介紹加入上海「中國教育學會」，受教於國學大師章太炎，並與《革命軍》作者鄒容友善。

《革命軍》的出版，即為柳氏拿出自己的積蓄，冒著殺頭的危險為之發行的。二十歲時，參加「中國同盟會」、「光復會」，主編《復報》。二十三歲時創立「南社」。

取名「南社」，顧名思義，是與「北庭」相庭抗禮的意思。故其宗旨不外以文章相砥礪，以詩歌相唱和，以節氣相標榜，號召民眾，推翻滿清腐敗王朝，建立民主富強中國。

當時加入該社的社員，多為胸懷大志的知識青年，如黃興、宋教仁、陳其美、沈鈞儒、馬敘倫、汪精衛、鄭孝胥、高天梅、葉楚傖等皆是，人數最多時有一千多人。

後來由於內部分化，這個團體於民國十二年（西元一九二三年）停止活動。在文字方面，有柳亞子編纂出版的《南社詩集》、《南社詞集》、《南社紀略》等二十二集，是現代研究「南學」最寶貴的史料。

鄭逸梅（南社社員）、邵盈午兩位是「南學」研究專家。「南社」於清光緒三十五年（西元一九〇九年）十一月在蘇州虎丘成立時，有一張成立大會時社員的合照，照片中共有十七人，由於日久天長，已不知為誰，邵氏特為此親赴上海向鄭氏請教，鄭氏也只能認出柳亞子、陳去病、朱少屏三人。

後來由於邵氏著有《南社人物吟評》，蒐集到南社人物一百三十三人，每人均配一照片，加一小傳，順便也把這個問題解決了。照片中除上述三人外，其餘十四人為：俞劍華、蔡哲夫、沈道非、林立山、朱梁任、林立夏、趙厚聲、諸貞壯、龐檗子、陳陶遺、馮心俠、景太昭、黃賓虹、胡栗長等。除蔡、黃、胡三人為「國學保存會」會員外，其餘皆是「同盟會」會員。

當時他們甘冒白刃之險，分別從四面八方趕到虎丘，足見其愛國革命精神之銳不可擋。其後有「新南社」的成立，也是秉承這種意志與精神。

「南社」對「辛亥革命」的成功貢獻良多，一九一一年中華民國臨時政府成立，孫中山先生任臨時大總統，柳亞子任總統府秘書。

一九二五年，柳任中國國民黨江蘇省黨部執行委員會常務委員兼宣傳部長。後因贊成孫中山先生「聯俄容共」主張，與當時國民黨中央意見不合，遭到開除黨籍處分。

一九四四年，柳亞子加入「中國民主同盟」，任中興執行委員。一九四七年在香港與李濟琛、何香凝、馮玉祥等籌組「中國國民黨革命委員會」，任秘書長。一九四九年應毛澤東邀請，柳赴北京參政，曾任中共人大常委會委員。

不過在抗戰勝利後，柳亞子便說過：「我雖然同情中共，但我只能做中共的嚴師諍友。」後來又說：「我不能做他們的尾巴。」

不管政治是黑是白，做為一個詩人，愛國愛民總是不會錯的。所以柳亞子常說：「愛國詩人，使我油然生敬重之心，因其人而重其詩。」

郭沫若在《今屈原》一文中說：「亞子，今之屈原；屈原，古之亞子也。」國畫大師蔣兆和的名畫《屈原》，就是以柳亞子的豐姿為原型創作的，國畫大家尹瘦石的名作《屈原圖》，也是以柳的長鬚飄髯、風神雋逸作模特兒的（柳留鬚是在抗日時期，為紀念國恥）。

在精神和作為上，有些地方柳亞子實在很像屈原，他有屈原那種奔放、熾熱、大義凜然的鬥志！也有屈原那樣赤膽忠心、堅貞不渝、甘洒熱血的愛國情操；更有屈原那般表裡如一、當仁不讓、積極浪漫的風采。所以陳毅說他：「傲骨崢嶸，彩亮雄健。」

他所撰寫的詩詞至少也有八千首以上，而收在《磨劍室詩詞集》裡的也只不過五千多首，這也遠遠超過屈原了。他出版自己的作品總是不如出版朋友們的作品那麼熱心，尤其是對那些烈士、先賢的遺作，他不但大力蒐集、親自編校，甚至舉債為之發行，如《蘇曼殊全集》便是一個很好的例子。他總喜歡把別人捧在自己的頭上。

柳亞子作詩的速度驚人，每逢大喜大怒事有所感，文思泉湧，令人瞠目結舌，有時一天能寫一百多首。他自己也說：「做詩不耐苦吟，喜歡俯拾即是。」

他認為在寫詩時，手裡握著的是「神來之筆」。周恩來曾為他題「辣手著文章」的詩句，這「辣手」兩個字，就是形容他作詩文之快之美之多，兼有鋒利、勇猛、深透的意思。

也許是由於他的文思過敏、過銳、過快的關係，使他說話口吃，寫字潦草，毛澤東和周恩來讀他的書信文章都會「斷路」。他自己也說個人性子急，詩興一濃，也就顧不得字的工整和好看不好看了。

不過郭沫若卻說他的書法：「行楷有魏晉人風味，草書則脫盡町畦，這也是獨創一格的草書，不僅前無古人，亦恐後無來者。」

柳亞子也喜歡篆刻，在贈送友人的詩詞和個人珍藏的圖畫上，都蓋有他刻的印章，如「羿樓」、「平生不二色」、「詩壇草寇」、「南社主盟」、「磨劍室」、

「安如手墨」、「金鏡湖寓公」、「佯狂屈正剛」、「天生德于予桓魋其如予何」、「才子居然能革命（自己句子）詩人畢竟是英雄（郭沫若句子）」等。

說到題贈，魯迅曾題贈他一首這樣的詩：「運交華蓋欲何求，未敢翻身已碰頭；舊帽遮顏過鬧市，破船載酒泛中流。橫眉冷對千夫指，俯首甘為孺子牛；躲進小樓成一統，管他冬夏與春秋。」

「橫眉冷對千夫指，俯首甘為孺子牛」的名句即出自此。柳氏極為珍視這一條幅，每次搬遷都把它懸掛在書房正中。這是魯迅對自己的寫照，也是對柳亞子的寫照。

一九五四年，柳亞子在這條幅眉首空白處，寫下這樣一段話：「此為魯迅先生在上海時親筆題贈之作，其詩萬口爭傳，對廣大人民群眾起了極大的革命教育作用，且有深遠的歷史意義，余寶藏至今，懸諸座右。」足見他們倆志趣相投。

柳亞子雖然是寫傳統詩的詩人，但對新詩也能欣賞。他說：「新文學必然發展；舊文學必然沒落。」他對郭沫若在「五四」時期所作的《女神》，頗為讚賞。在一九二四年七月他主編的《新黎里》月刊上，曾發表一篇新詩評論，給《女神》——特別是《匪徒頌》，以極高的評價。

柳氏一生除寫詩詞外，也是《南明史》研究權威，不幸於一九五八年六月病逝於北京，由周恩來、劉少奇執紼，安葬於寶山革命公墓。

（二〇〇七年七月三十日至八月一日發表於北美《世界日報》「上下古今」版。）

七、淺談考證之學

明代末年，顧炎武與同里好友歸莊，起兵勤王，兵敗得脫。入清後屢徵不起，周遊四方。顧氏學宗程朱（宋代理學大儒程顥、程頤與朱熹），篤志六經，旁涉國家典制、郡邑掌故，以及天文、儀象、兵農、河漕之屬；專務斂華就質，探究原委。晚年精研考證，兼嗜金石。著有《日知錄》、《天下郡國利病書》等數十種，此乃「考證」之學淵源出處。

《日知錄》一書，凡三十二卷，顧氏在其自序中說：「自少讀書有所得，輒記之，其有不合，時復改定，積三十餘年，乃成此編。」蓋其一生精力所注也。顧氏學有本源，博瞻而能貫通，每一事必詳其本末，引據浩繁，精嚴過於前人。

「考證」亦稱「考據」，由上可知，是研究古籍字義及歷代名物典章制度等，將其一一考核辯證、確鑿而有據的一門學問，盛行於清乾隆、嘉慶兩代，著名學者有：閻若璩、胡渭、惠棟、戴震、段玉裁、王念孫和王引之等。並稱之為「漢學」以別於「宋學」。研究古籍之法，大別可分「訓詁」與「校勘」兩種：前者為字義之整理貫通，後者則是本文之釐正。

清宣統二年，上海商務印書館出版發行一種十六開本的《小說月報》，內容廣泛，在考證方面，有蔡元培的《石頭記索引》、吳梅的《顧曲人談》、《蠡》和泖東一蟹的《小說叢考》等，對考證之學也各有建樹。

民國元年，《小說叢考》單行本出版，其中包括《水滸》、《三國》、《西遊》、《金瓶梅》、《封神傳》、《楊家將》、《儒林外史》、《野叟曝言》、《鏡花緣》、《包公》……等小說；以及《琵琶記》、《西廂記》、《臨川四夢》、《拜月亭》、《白蛇傳》、《玉蜻蜓》、《桃花扇》……等戲曲，計八十四種，均一一予以甄別原委，核諸史實，予以辨正，是研究古典小說戲曲者不可或缺的參考書。以上諸書署錢靜方著，至於錢靜方是何許人也，筆者無所獲。

民國以來，胡適是提倡考據的著名學者，他作於民國十年的一篇《紅樓夢考證》，對今日「紅學」的研究有啟導之功。而今日之「紅學」，由高陽的《紅樓一家言》、朱淡文的《紅樓夢論源》和郭衛的《紅樓夢鑑真》私著作來看，可又有走上「曹學」的趨勢了。

（二〇〇八年十一日三日發表於北美《世界日報》「上下古今」版。）

八、紅學一詞出自八旗畫錄

中國有幾部家喻戶曉的小說，像《水滸傳》、《西遊記》、《三國演義》、《金瓶梅》等等，也都有不少學者專門從事研究，但是卻都沒有像研究《紅樓夢》那樣，有個「紅學」這樣一個專有的名詞。

一般人只知道胡適作為《紅樓夢考證》，很有名，便以為「紅學」一詞是由他起頭開始研究的，其實不然，胡對「紅學」而言，只是扮演「助燃」的作用。

「紅學」一詞，實出自《八旗畫錄》，也很自然的沿用下來。根據李放《八旗畫錄》對《紅樓夢》一書記載：「光緒初，京朝士大夫尤喜讀之，自相矜為紅學云。」

李放是東北遼寧義縣人，民國三年著有《中國藝術家徵略》，民國八年完成《八旗畫錄》，另著有《清畫史》等。

《紅樓夢》在未定稿前，即以手抄本流傳，回數不等，版本更多達十一種。

原手抄本題為《脂硯齋重評石頭記》，那麼，如此看來，「脂硯齋」應該是開始研究「紅學」的第一人，故被推為「舊紅學」、「評點派」的代表人物。除此之外，另有「索隱派」。

由《石頭記》改為《紅樓夢》，是乾隆五十六年（西元一七九一年）由程偉元和高鶚刻印的《新鐫全部繡像紅樓夢》，這是最早的一百二十回本，亦即胡適所稱的《程甲本》。

卷首有程偉元繪製的圖像二十四幅，附題詩二十四首；由高鶚補四十回，成為一百二十回。

（二〇〇九年二月七日發表於北美《世界日報》「上下古今」版。）

九、丁耀亢後續派小說先驅

在中國古典小說中，有一種專門「續」別人的小說，為別人的小說「作後」的小說，我們可以稱它為「後續小說」；稱這一類的小說家為「後續派」小說家，清初的丁耀亢，可說是這類小說家中的第一人。

丁耀亢的《續金瓶梅》，成書於清順治十八年（西元一六六一年），接著，乾隆五年（西元一七四〇年），就有梅溪遇安氏的《後西遊記》出現，還有《續西遊記》。嘉慶四年（西元一七九九年）有秦子忱的《續紅樓夢》，還有《後紅樓夢》、《紅樓夢補》等。

一直到民國三十年，還有燕谷老人（張鴻）的《續孽海花》的連載，三十三年出版。

從上可知，後續小說不能不說已形成一種風氣，一種流行和流派。

丁耀亢，生於明萬曆二十七年（西元一五九九年），字西生，號野鶴，山東諸城人。丁出身官宦人家，少為諸生。崇禎年應鄉試不中，鬱鬱不得志。入清後，以貢生選為容城縣教諭，升福建惠安縣知縣。不久，以母年邁為由辭去官職。

丁耀亢有俊才，負詩名。他胸懷經世大略，性情倜儻不群。中年以後卻遭逢變亂，坎坷失志。

《諸城縣志》稱他「為詩踔厲風發，少作即有風韻，晚年語更壯浪，開一邑風雅之始。」但被列入「清代禁毀書目」。

他又嫻於音律，著有傳奇十三種，如今僅存四種。這些戲劇沉雄清麗兼而有之。特別是《蚺蛇膽》一劇，結構謹嚴，關目生動，詞藻猶健。

丁耀亢還是一位小說家。順治十八年他六十三歲，寫成《續金瓶梅》。此書以因果報應、勸善懲惡為主，刻畫出上自帝王將相、下至娼妓奴僕等，各個階層的人物形象，涉及了多方面的社會生活，描繪出一幅相當廣闊的景象。

其目的在於藉此影射明清易代的巨變，總結明亡的教訓，控訴滿清貴族的殘暴統治，寄寓個人的民族情結。因此，在他六十七歲那年，也因此書觸犯禁忌而被捕入獄。

出獄後丁耀亢雙目失明，在禪誦聲中度過餘生。

（二〇〇九年二月十日發表於北美《世界日報》「上下古今」版。）

戲曲電影篇

一、梅蘭芳率團訪美國　劉天華五線譜國劇

民國十八年，「伶王」梅蘭芳三十六歲，應邀率梅劇團訪問美國，作東西方的文化交流，造成了當時的「美國梅蘭芳熱」，也打破了中國國劇在國外公演的紀錄，和國劇以五線譜出的空前事蹟。

早在民國十五年，美國駐華公使約翰，麥可慕雷（John Van A. MacMurray）就向梅蘭芳提出赴美演出的建議，另一位公使保爾・芮恩施（Paul Reinsch）博士，在其卸任的餞別宴會上又再次提出，才使梅蘭芳下定決心。

經過長期充分的準備，團員、劇目、道具都是上選，另外還編印了一本《梅蘭芳歌曲譜》，以五線譜譜出全部戲目，以方便觀眾聽眾隨時檢閱。

該書編者為劉天華，在其前記中說：「本編之成，承梅君畹華親說唱腔，齊君如山抄示詞句，並主持印務；徐君蘭園（琴師），馬君寶明（笛師）開示宮譜；汪君頤年謄錄五線譜，曹君安和，周君宜、楊君筱蓮任校對；張君次醒書寫漢文；此外趙君

元任，楊君仲子，Mr. V. Gartz，柯君安士，鄭君穎孫，及家兄半農，均有請益是正之處，書此誌謝。」又在其後記中說：「本書初版共一千零五十冊，其中五十冊用成化宣印，精裝加套，列有號碼，由編者蓋章為憑。其第壹號定價五百元，貳號至五十號定價每部壹百元，售得之款，悉充中華劇院經費。筆者在舊書攤上購得一部，此部列為第×號。」目錄後，有全部工作人員照片，並有李石曾、劉復、齊如山、梅蘭芳和編者劉天華的序文。

此次赴美演出的團員共二十四位，其中包括王少亭、劉連榮、朱桂芳、姚玉芙、李斐叔等。劇碼有：天女散花（綴玉軒詞，西皮、崑曲）、霸王別姬、千金一笑、廉錦楓（反二黃）、洛神、紅線盜盒、嫦娥奔月、西施、御碑亭、貴妃醉酒、上元夫人（南曲、北曲）、木蘭從軍、獻壽、金山寺、思丸、佳期、游園和刺虎等。

在場景方面，在美國劇場外掛滿宮燈，場內掛紗燈，劇場原大幕內設紅緞幕、龍柱、對聯、垂檐，到第六層才是舊式戲臺、隔扇、門簾、臺帳等。所有樂器，也都是特製，用的都是象牙、牛角、黃楊、紫檀等材料，而且還加描金。

演出的地點包括：西雅圖、紐約、芝加哥、華盛頓、舊金山、洛山磯、聖地雅哥和檀香山等地。半年之內演出七十二場，獲得各界一致好評，波摩拿學院和南加大均以榮譽文學博士學位相贈，以表示對梅伶王表演藝術的高度贊賞和肯定。

（本文曾發表於二〇〇〇年一月二日北美《世界日報》「上下古今」版）

附註：《天女散花》、《木蘭從軍》、《上元夫人》、《霸王別姬》、《黛玉葬花》等劇，在民國十四、五年中國電影尚在默片時期，由黎民偉拍成電影。黎氏為沈昌煥之岳父，亦為中國第一部影片《莊子試妻》中男扮女裝之女主角。

筆者除藏有「梅蘭芳歌曲譜」之外，另藏有一九九四年十月國綸藝術企業有限公司出版「梅魂芳韻」梅蘭芳、周信芳百年紀念特刊CD一套，特刊內容豐富，附有劇照說明等。

二、中國第一首電影歌曲
——〈尋兄詞〉

中國最早一首電影歌曲，是〈尋兄詞〉。孫瑜作詞，孫成璧作曲。〈尋兄詞〉，是《野草閒花》電影裡舞台小歌劇「萬里尋兄」的主題曲，故也叫「萬里尋兄詞」。

劇中由影帝金焰飾演俄國軍官嘉利，最佳女星阮玲玉飾演他流浪賣唱的妹妹麗芳，歌曲也由他們主唱。

該劇由孫瑜編劇，一九二九年由黎民偉拍攝，男女演員均為一九二五年成立於上海的「民新影片公司」演員訓練班的學員，也都是上海、香港「聯華影業公司（一九三七年）的主要演員。

當時電影尚無發音聲片，亦即所謂的默片時期，該曲由大中華唱片公司灌音於唱碟內，每次上演，均由公司派專人負責操作，當片子放到該唱歌時，將唱片同時播出，因此有不大對口之弊。

該曲並無多高的思想性和藝術性，但在歷史上起了拋磚引玉的作用。尤其在三十年代，最為青年流亡學生們所樂唱，每唱必泣。

孫瑜：本名孫成璵，筆名理白，西元一九〇〇年出生於重慶、四川自貢市人。西元一九二三年畢業於北京清華學校高等科，公費派遣留美。西元一九二五年在威斯康新大學畢業，二六年在哥倫比亞大學電影編劇科畢業。二七年回國，曾兼任上海市政協文史資料工作委員會委員。

曾編導電影：《瀟湘淚》、《風流劍客》、《故都春夢》、《野草閒花》、《野玫瑰》、《天明》、《自由魂》、《小玩意》、《大路》、《長空萬里》、《火的洗禮》、《乘風破浪》、《魯班的傳說》、《秦娘美》等，有「詩化導演」之稱。培養一批朝氣蓬勃的影劇人才，如金焰、王人美、鄭君里、阮玲玉、白璐等。著有電影文學劇本：《武訓傳》（曾拍成電影，毛澤東曾撰「應當重視電影《武訓傳》討論」）、孫瑜電影劇本選集、李白詩新譯等。作有歌詞：〈尋兄詞〉、〈大路歌〉、〈春到人間〉、〈新的中國〉等。

阮玲玉，小名鳳根，廣東中山人，一九一〇年出生於上海市，六歲喪父，為機械工人，死於貧病，母為人幫傭，九歲入崇德女校，名玉英。一九二六年考入明星影片公司，主演《掛名夫妻》、《白雲塔》等六部影片，藝名玲玉。

後入大中華百合影片公司，拍有《劫後孤鴻》等片。一九二九年轉入聯華影業公司，主演《故都春夢》、《野草閒花》、《戀愛與義務》、《桃花泣血記》而一舉成名，為個性豐富，演技超群，最受歡迎的一流影星，創造許多不同類型的婦女形象。

然而，經過世家子張達民，上海茶葉大王唐季珊兩次的遇人不淑，婚姻失敗，而與聯華導演蔡楚生的戀愛又無結果，加上惡毒流言的中傷，終於一九三五年四月十四日，走上吞食安眠藥自殺之路，死後追悼者十餘萬人，靈車所經之處，萬人空巷，卒年二十五歲。

在她短短的藝術生涯中，曾經主演過二十多部影片，如《血淚碑》、《楊小真》、《洛陽橋》、《白雲塔》、《珍珠冠》、《銀幕之花》、《香雲海》、《再會吧，上海》、《神女》等，在劇中分別飾演農村姑娘、女教員和妓女，塑造了各種不同類型和角色，均能憑直覺進入角色，善於挖掘和表演人物的精神世界，為影壇寫下了瑰麗的篇章。

在其死前三月八日日記中，曾留有「人言可畏」的遺言，故魯迅有〈論人言可畏〉一文，表示對她的深切同情和哀悼。

阮死後葬於上海聯義山莊，直到一九六〇年，中國電影家協會的前身——中國電影工作者聯誼會，才在其墓前立碑。「六七文革」，墓遭破壞，墓碑不知去向。近聞經熱心人士訪查，得知由寶山區一農戶埋於灶下，失蹤了三十年的墓碑終又找回。

金燄，原名金德麟，一九一〇年生，原籍朝鮮，生於漢城，父為醫生，因參加朝鮮獨立運動受日人迫害，於一九一二年攜家亡命我國東北，一九二〇年定居齊哈爾，不久病逝。金燄賴親友資助，先後在上海、濟南、天津讀完初中。一九二七年到上海，在民新影片公司擔任場記，次年加入南國社，在《莎樂美》、《卡門》等劇任要角。一九二九年再次入電影界，主演了《風流劍客》等武俠片。一九三〇年進聯華影業公司，與阮玲玉合演了《野草閒花》、《戀愛與義務》、《桃花泣血記》等片，受到觀眾歡迎，成為三十年代超級巨星，其人不僅外型漂亮英俊，演技亦是不可多得。

（本文曾於二〇〇〇年一月十二日發表於北美《世界日報》「上下古今」版）

1934年12月23日聯華籃球隊至南京比賽，由影帝金焰領軍（足穿球鞋）。

三、中國第一部獲國際榮譽獎的電影

——《漁光曲》

中國最早獲得國際榮譽獎的一部電影，是《漁光曲》。

這部影片由蔡楚生編導，由影星王人美、韓蘭根和湯天繡等演出，上海聯華影片公司花了將近兩年的時間拍制完成。一九三四年六月十四日在上海金城大戲院首映時，廣受觀眾熱烈歡迎，連演八十四天，票房不衰。

蘇聯電影工作者俱樂部，為紀念蘇聯電影國有化十五週年，於一九三五年二月二十五日至三月二日，在莫斯科舉行國際電影節，邀請包括我國在內的三十一個國家參加，我國參加的影片是《姐妹花》和《漁光曲》，結果《漁光曲》獲得「榮譽獎」。

該片的內容是，敘述一個貧苦的漁家，面臨破產，流浪和死亡的命運。茲將該片主題曲詞曲作者，安娥和任光小傳附後：

安娥（西元一九〇五～一九七六年），本名張式沅，曾用何平、張菊生等名，河北獲鹿人。北京美專肄業，一九二五年加入中國共團、中國共產黨，翌年被派往大連，做宣傳及從事女工運動。二七年至二九年在蘇聯莫斯科中山大學攻讀，回國後在上海中共中央特工部工作。三三年至三七年在上海參加進步文藝活動，任百代唱片公司歌曲部主任。抗戰期間先後在武漢、重慶、桂林、昆明等地從事文化工作。勝利後，回上海在實驗戲劇學校任教。五〇年後，在北京人民藝術學院、中央實驗歌劇院、中國戲劇家協會任創作員。五六年因病失去工作。「文化大革命」受迫害致死。是田漢的第二任夫人。

著有詩集：《燕趙兒女》。詩劇：《高粱紅了》、《戰地之春》、《洪波曲》。劇本：《黃泥崗》。兒童劇：《假姥姥》、《海石花》。戲曲：《情探》（與田漢合著）。小說：《蘇聯分廠長塔拉索夫》。報告文學：《五月榴花照眼明》、《蘇聯大嫂》、《從韓鮮歸來》、《一個勞動英雄的成長》。歌詞：〈漁光曲〉、〈漁村之歌〉、〈採蓮歌〉、〈新鳳陽歌〉、〈燕燕歌〉、〈新蓮花落〉、〈王老五〉、〈賣報歌〉、〈三個姑娘〉、〈節日的晚上〉。譯有：《在某一國家內》、《特別任務》。

任光（西元一九〇〇～一九四一年），筆名前發，浙江嵊縣人。一九一九年由上海震旦大學到法國勤工儉學。學習鋼琴調音和作曲。二四年至二七年在越南法商亞佛琴行任技師。回國後，在上海百代唱片公司任音樂部主任。為中國左翼戲劇家聯盟音樂小組和中國新興音樂研究會主要成員之一。三七年抗戰爆發，再度赴法習音樂，在巴黎成加進步音樂活動。三八年回國，三九年去新加坡等地，在僑界組織歌咏團，宣傳抗日救國。四十年到重慶，任教於育才中學。後隨葉挺將軍至新四軍做宣傳工作。四一年於「皖南事變」犧牲。作有歌曲：〈漁光曲〉、〈大地行軍歌〉、〈抗亂歌〉、〈採菱歌〉、〈月光光〉、〈打回老家去〉、〈新四軍東進曲〉。歌劇：〈洪波曲〉。民族器樂曲：〈彩雲進月〉等。

音樂篇

一、蔡邕的「四美」

1、音樂

喜歡國樂的人都知道，蔡邕是一位大音樂家，他所製造的「焦尾琴」、「柯亭笛」，成為傳奇；他所作的〈廣陵散〉和《琴操》，為樂界寶典。

東漢光和元年（西元一七八年）天災，他批評時政涉及宦官，被捕入獄，之後流放北方，被赦後不敢還鄉，便在江浙一帶流亡長達十二年。

就在他流亡這段期間，一天，他遇到一個鄉下人拿老桐木當柴燒，叮叮咚咚的響聲，觸動了他的靈感，於是他以高價將這批桐木買下，製成一把琴，彈奏起來聲音果然不同凡響，因為材料有限，在琴的尾部還用上一塊被燒焦的桐木，故名「焦尾琴」，這就是這張千古名琴的故事。

也是在他流亡這段時期，一天，他到了會稽柯亭，也就是現在的紹興高遷亭；亭內全以碧竹做椽，蔡邕發現其中一支形質特異，是做笛子的上材，於是不惜代價，商得管理人員的同意，將那支竹椽換下，做成一支笛子，聲音果然清越美妙，這就是名滿天下「柯亭笛」的由來。該笛後來落入東晉名笛家桓伊之手，桓伊的笛藝有「江左第一」之稱，名家名笛，相得益彰，傳為樂壇佳話。

他所作的琴曲〈廣陵散〉，又名〈廣陵止息〉，是根據〈聶政刺韓王曲〉改編而成，魏晉時古琴家嵇康（竹林七賢之一），就是因為擅彈此曲而聞名於世。

他所著的《琴操》，包括琴的形制、作用、詩歌五曲、一十二操、九引、河間雜歌二十一章琴曲題解，其中有很多掌故，並附歌詞，至今仍用作琴曲解類依據。

2、書法

有人認為，蔡邕的一生最大成在於書法。少時，他入嵩山學書；嵩山在現今的河南登封縣北，在山間石洞得到素書，上面的字運筆鋒利，八面得勢，十分像小篆和大篆，寫的是李斯和史籀等人的用筆法，他得到此書後，三天不想吃飯，只叫喜歡。而後讀誦三年，深得其奧，因此他的用筆與眾不同，為漢代所有書法家所推崇。

蔡邕的書藝，被評為結構嚴整，點畫俯仰，法度有素，變化得體，骨氣洞達，爽爽有神。熹平四年（西元一七五年），他奏請正定六經，靈帝不但批准了他的建議，而且命他主持此事。參與的五官有中郎將、光祿大夫、諫議大夫、議郎、太史令等，都是著名書法大家，由他親自書丹，使工鐫刻，立碑於大學門外，名「三體熹平石經」，也叫「鴻都石經」。碑始立，觀視及摹寫者車乘每天上千，致使街陌斷行，可謂壯觀。靈帝命修鴻都門，蔡邕見工人以晉帚刷牆，受到啟發，又創「飛白」書。

傳說「魯峻碑」，「西岳華山廟碑」等不少漢代巨碑，都出自他手，但無確切證據。唯有「郭有道碑」原碑是蔡撰文並書，而且也是他最滿意之作，他曾說：「吾為碑銘多矣，皆有慚德；惟郭有道銘，無愧色耳。」（水經注）但因此碑太受人重視和喜愛，捶拓者日夜不絕，後「被盜舁去」，縣令無奈，重刻一石以應，然日久天長，重刻之碑也日漸磨泐。另外還有兩個重刻的「郭有道碑」，立於山西介休縣郭泰的墓旁，一為傅山所書；一為鄭簠所書。

3、文學

蔡邕也是一位文學家和史學家，他的散文風格，是由西漢的樸實厚重到魏晉時期的典雅清麗這一轉變期的代表作頗有地位。他作的碑志甚多，以「那泰碑」最有名，餘則多為諛文。

在他所作的賦中，以〈述行賦〉最有名，寫統治者的荒淫奢和人民的貧窮困苦，對比鮮明，沉痛哀切，表現出對當時人民疾苦的深切同情，在歷來歌功頌德的賦中實乃罕見。

他熟諳漢代掌故，為時人所稱道，著有「漢史」，可惜未完。

4、繪畫

靈帝時，曾詔他畫赤泉侯五代將相於省，兼為讚及書，時稱「三美」，（筆者於本文加上音樂，故題為「四美」）有〈譜學圖〉、〈小列女圖〉等傳於當代。《太平御覽》卷七五一引〈歷代名畫記〉，稱他為東漢四大畫家之一。

5、結語

蔡邕字伯喈，生於東漢順帝陽嘉元年（西元一三二年），陳留圉人，即今河南杞縣一帶人；少博學，除上述「四美」外，他還精通天文，醫環等。桓帝時，宦官專權，聽說，他擅操琴，奏請他進京，他行到半途，稱病而返。靈帝時，他做過司徒橋玄的屬官，後任何平長（縣令），召拜郎中，校書東觀（皇家圖書所在之處），升為議即。遭陷後被赦流亡。獻帝時董卓迫他出仕，由祭酒、御史升至尚書，之後調任郡太守，復留為侍中，初平元年授左中郎將，隨獻帝遷都長安，封為高陽鄉侯。後來董事卓被誅，蔡邕聞訊嘆息，被王允認為他「懷其私遇，以忘大節」被捕，雖乞黥首刖足，以續成漢史而不得，卒於獄中，得年六十。

二、中國最早的歌詞作家和編輯

中國最早的編輯大家，是晉代的荀勗，他曾和張華一起，根據漢代劉向的「別錄」，整理過皇家的藏書，將三萬冊書分為甲、乙、丙、丁四部，名為「中經新簿」，直到現在，一般套書仍採取，他這種「四部分類法」。

在編輯方面，他還做了一件功不可沒的工作。晉武帝咸寧五年（西元二七九年），汲郡古墓被盜，官府得到消息派人前往，只取回一些隨葬物，其中有鐘、磬，玉律等樂器，還有一把銅劍和一大批殘斷散亂的竹簡。

盜墓人名叫不准，「不」是姓，讀作「否」，因為墓中沒有光線，不准就點燃那些竹簡用來照明，因此燒得缺頭少尾。盡管如此，也還是裝了滿滿幾十車載回，人們就稱這些竹簡叫「汲冢書」。

先秦的古書是什麼樣子？當時已很難看到實物，由於這批竹簡的出土，引起了學術界的興趣。但是，這些竹簡不加整理是沒有用的，若要整理，也不是一件容易的事，譬如殘斷的要拼接起來，散亂的要使它有次序，古代的文字要辨識，書籍的內容要考證，甚至還要用當時通用的隸書把它抄寫一遍等等。只有既熟悉古代文獻，又精通古代文字的人才能做得到這些事。

太康二年（西元二八一年），晉武帝司馬炎下令整理這批竹簡，最早擔任這份工作的就是當時中書監荀勗，和他的助手中書令和嶠，因為他們是當時知名的學者。

荀勗所用的方法是：用和原簡長度相同（二尺）的黃紙，先把竹簡上的文字抄寫下來，並且保持竹簡原來的規格；這樣作的好處是錯簡容易發現和改正，殘竹也大致可以算出缺漏多少字，再用口口來代替。

「汲冢書」上的文字，是先秦的古文，當時俗稱它為「科斗文」，這種古文即便像荀勗，和嶠這樣有學問的人也不能完全認識，因此又與「三體石經」核對，如古文字形是石經上所沒有，即使讀上下文意可以知道是某一字，也不隨意改為某一字，而用隸書摹寫古文的形體原樣，以求其真。這種審慎的態度和精神，也是值得今天的我們學習的。

「汲冢書」經過荀勗，和嶠的整理，寫成初稿，編入皇家圖書，附於丁部之後，用來校正傳世經傳闕文，但是整理工作所存下的一些問題，並沒有完全解決，誤讀誤釋的地方仍有，簡冊甚至也有錯亂的。

惠帝永平元年（西元二九一年）又設秘書監，重新加以考證，這時的秘書監是摯虞，秘書丞是衛恒，還有衛恒的好朋友束皙等，對這件工作都有很大的貢獻。

荀勗不只是一位編輯家，也是一位音樂家和歌詞創作家，在曹魏時代他就經常處理國家的音樂行政，官拜「侍中」，也就是皇帝的侍從秘書，入晉之後，又從中書監做到光祿大夫，成為司馬炎的心腹。

泰始末年（西元二七四年）他制成笛律十二支，每支適用於吹奏一個調子，其中暗含管口校正原理，雖被阮咸批評不合漢代標準，但他畢竟作了。也正由於阮咸不客氣的批評，使他在皇帝跟前說阮咸的不是，以至後來阮咸被革去「散騎侍郎」的職務。大概就是由於他這種自以為是的原故，和嶠對他心存不滿，不願與他同車入朝，其實，和嶠也是一個富擬王者，有錢癖，極為吝嗇的人。

荀勗作過〈正旦大會行禮歌〉四首，〈王公上壽酒歌〉和〈食舉東西廂歌〉各一首，統稱「四廂樂歌」。他生於何時不詳，卒於太康末年（西元二八九年）生前還有神奇的傳說：據說有一次他和皇帝一起用餐，吃到一半，他忽然說，這飯乃「勞薪」煮成，皇帝不信，派人去問，方知真是用一輛破車腳來當柴燒。至於他是如何吃出來的？也就不得而知了。

三、古琴故事

1、古琴的誕生

《山海經·海內經》中說：「帝俊生晏龍，晏龍是為琴瑟。」在〈大荒東經〉又說：「少昊孺帝顓頊於此，棄其琴瑟。」清代學者郝懿行著有《山海經箋疏》，在「棄其琴瑟」一句注曰：「此言少昊孺養帝顓頊於此，以琴瑟為戲弄之具而留遺於此也。」

《山海經》為中國最古老的一部書，也是記載琴之誕生最早的一部書，西漢淮南王（著有淮南子）劉秀（歆）說它「出於唐虞之際」；東漢王充「論衡」、趙曄「吳越春秋」皆言此書「為禹、益所作」。由於可知琴為晏龍所發明，而且與瑟不分，好像一個雙胞胎，時常相提並論。當時只是為兒童做的玩具。少昊、顓頊為黃帝之後二帝，與上古史相吻合，可為佐證。

2、名家與知音

春秋戰國時代，各國都有樂師，如衛國的師涓、晉國的師曠、鄭國的師文、魯國的師襄，全是當時著名的琴家。列子在〈列子・湯問〉中曾說：「瓠巴鼓琴，而鳥舞魚躍。」又說：「伯牙善鼓琴（伯牙學琴於成連），鍾子期善聽。伯牙鼓琴，志在高山，鍾子期曰：『善哉！峨峨兮若泰山。』志在流水，鍾子期曰：『善哉！洋洋兮若江河。』伯牙所念，鍾子期必得之。」（今漢陽有古琴台．傳為俞伯牙彈琴的地方）

孔子也是那時彈琴高手，孔子學琴於師襄（家語辯樂）。在漢初韓嬰所撰的《韓詩外傳》裡，也講了一個名家與知音的故事：「孔子鼓瑟，曾子、子貢側耳而聽。曲終，曾子曰：『嗟乎！夫子瑟聲殆有貪狼之志，邪僻之行，何其不仁，趨利之甚。』子貢以為然，不對而入。夫子望見子貢有鍊過之色，應難之狀，釋瑟而待之，子貢以曾子之言告。子曰：『嗟乎！夫參，天下賢人也，其習知音矣！鄉者，丘鼓瑟，有鼠出遊，狸見於屋，循梁微行，造焉而避，厭目曲脊，求而不得，丘以瑟淫其音，參以丘為貪狼邪僻，不亦宜乎。』」音樂以音符表現，以旋律說話，正如同繪畫以色彩表現，以線條說話，和文字有異曲同工的效果。此類故事甚多，不勝枚舉。

3、名曲和名琴

最早著名的琴曲，有「高山」、「流水」、「陽春」、「白雪」、「雉朝飛」等。在東漢蔡邕著的《琴操》裡，講述了一個最著名的琴曲〈聶政刺韓王曲〉的事，大意是說：在戰國時候，聶政的父親奉命為韓王鑄劍，因為逾期未成被殺。為報父仇，聶政入山學琴（實際是筑），十年技成，為韓王得知，召入進宮獻藝。正鼓至高潮時，乘韓王聽得入迷，突然抽出預藏琴腹匕首，向前將韓王刺死，自己也自盡了。現藏山東武梁祠漢磚刻畫中就有這個故事。

〈聶政刺韓王曲〉今已失傳，另有一首漢代著名琴曲〈廣陵散〉，音樂結構和表現內容與上述故事相同，後世不少琴家認為即是〈聶政刺韓王曲〉的異名。魏晉時，「竹林七賢」之一的詩人嵇康，便因善彈此曲而聞名於世，這在「千古遺音」中又是一個有關琴曲的故事：

嵇康早年曾跟孫登學琴。有一次他到洛西遊覽，一天晚上在華陽亭歇宿，因見星月皎潔，萬籟無聲，便拿出自己心愛的琴來輕攏慢撚，扣弦低奏。約到三更時分，忽然有位老者走進亭來，要教他彈一首〈廣陵散〉，但卻要他發誓不傳別人，嵇康應允，於是那位老者拿起琴來，奏出一闋美妙絕倫的曲子，聽得稽康如癡如醉。之後，稽康將曲譜背熟，奏法弄通，彈奏起來，真有一種鈞天廣樂之概。他也一直遵守諾言，從不傳人。

稽康有一位好友，名叫袁孝尼，生性熱愛音樂，對這支曠世所無的曲子寢寐難忘，於是就乘稽康每次背人彈奏之時，躲在附近偷聽暗記，因此也就盡得其秘。到了唐代，河東司戶參軍李良輔雅好音律，從洛陽名僧思古那裡學得此曲，思古則說傳自一位張姓老人。李良輔得了真傳，便寫成一卷「廣陵止息譜」，流傳至今。

至於名琴，晉代詩人傳玄著有《琴賦》，在其序中提到：「楚王有琴日繞梁，司馬相如有綠綺，蔡邕有焦尾，皆名器也。」

繞梁琴：在明代陶宗儀著的《古琴疏》裡說：「華元獻楚王以繞梁之琴，鼓之，其聲嫋嫋，繞於梁間。」華元，春秋宋人也。

綠綺琴：隋代詩人江聰有詩曰：「可憐嶧陽木，雕為綠綺琴。田女垂睫淚，卓女弄弦心。戲鶴聞起舞，游魚聽不沉。楚妃幸勿嘆，此異丘中吟。」唐代大詩人李白也有〈琴贊〉詩曰：「嶧陽孤桐，石聳天骨，根老冰泉，葉苦霜月，斲為綠綺，徽聲粲發。秋風入松，萬古奇絕。」又有〈聽蜀僧濬彈琴〉詩曰：「蜀僧抱綠綺，西下峨眉峰。為我一揮手，如聽萬壑松。客心洗流水，餘響入霜鐘。不覺碧山暮，秋雲暗幾重。」南宋詩人陸游，亦有〈綠綺聲中酒半消〉的詩 。詩中多次提到「嶧陽」這個地方，實在現今江蘇省邳縣（已改為邳州市）西南，一名邳嶧，也叫嶧，俗稱距山，山多桐樹，為製琴良材。

焦尾琴有個傳說：東漢音樂家（也是文學、書法家）蔡邕，在吳地旅遊，偶遇一位鄉下人正拿一塊桐木當柴燒，當質地剛烈的桐木被火燒得發出鐺鐺的響聲時，傳到蔡邕不尋常的耳朵裡，他趕忙跑過去，請那位老者把這塊桐木從火裡拿出來，以高價將它買下，回去做了一把琴，彈奏起來果然如秋空鸛鶴長鳴，不同凡響。可惜那塊桐木尾部已經被火燒焦，故名為「焦尾」。

琴之名貴，在於製琴之難，製琴之所以難，在於良材之難尋。《詩經》上雖有「梧桐梓漆，爰伐琴瑟」之說，然而並非所有桐梓皆可做琴。正如俚諺所云：「新為桐，舊為銅」，必須老桐舊桐才能做出好琴。在宋代錢易著的《南部新書》裡，有這麼一個故事：「韓晉公在朝，奉使入蜀，至駱谷（今陝西儻駱谷北口），山椒巨樹，聳茂可愛，烏鳥之聲皆異，下馬以探弓，射其顛杪，柯墜於下，響震山谷，有金石之韻，使還戒縣尹，募樵夫伐之，取其幹，載以歸。召良匠斲之，亦不知其名，堅緻如紫石，復金色線交結其間，匠曰：『為胡琴槽，他木不可並』。遂為二琴。名大者曰：『大忽雷』，小者曰：『小忽雷』。」

還有一個傳說：吳錢忠懿王能琴，遣使以廉訪為名，而實物色良材。使者至天台（山名，今浙江天台）宿小寺，夜聞瀑布聲止在檐外。晨起視之，布下淙石處正對一屋柱，而柱且向曰。私念曰：「若是桐木則良琴在矣！」以刀削之，果桐也。即賂寺僧易之，取陽面二琴材。馳驛以聞，俟一年斫之概成，獻忠懿，一曰「洗凡」；一曰「清絕」，為曠世之寶，後錢氏納土，遂歸御府。

最著名的藏琴家是宋徽宗趙佶，在宣和殿有萬琴堂，藏有名琴「春雷」、「玉振」、「黃鵠」、「鳥玉」、「秋嘯」、「瓊響」、「萬壑松」等。宋亡，「春雷」琴歸金章宗，為明昌御府第一，章宗沒，挾之以殉，凡十八年復出人間，完好如初，復為諸琴之冠，實乃天地尤物。大畫家趙孟頫（子昂）藏有「大雅」、「松雪」二琴，即以大雅名堂號，松雪名齋號。詩人蘇東坡（軾）以家傳「雷琴」而自豪。世人何以愛琴如此，想來是如稽康在其《琴賦》序中所說：「眾器之中，琴德最優。」

（二〇〇四年十二月十五日至十七日發表
於北美《世界日報》「上下古今」版。）

四、中國第一部琴書

在殷墟出現的甲骨文中，有「樂」這樣一個字，據羅振玉考釋：「絲附木上，琴瑟之象也。」

關於琴的專書，為宋代朱長文撰寫的《琴史》，全書共分六卷，前五卷寫古代琴師和他同時代的九名琴師，記述一五四位琴師事迹；最後一卷專論古琴，分為：瑩律、釋弦、明度、擬象、論音、寓調、聲歌、度制、盡美、志言、敘史等十一篇。

1、最早的琴歌集

中國現存最早的琴歌集，是明代謝琳輯的《太古遺音》。謝為明代著名歌家，編成於正德八年（西元一五一三年），收琴曲三十六首，每首都有旁詞，其中不少唐、宋以來流傳下來有詞之曲「琴歌」。

2、現代琴的史料

琴為八音之首，有仲尼式、伏羲式聯珠式，落霞式、蕉葉式等。可能由漁獵時代之弓弦而發明，為士人所必習之藝，即現代亦有「琴癖」者，傳說有三——

據浙江丁卯「汪莊主有琴癖」說：

一、杭州西湖南屏山下，舊有汪莊，為民初湖上別墅中結構最新穎者。亭臺樓閣，泉石池沼，佈置精雅，並特闢精屋數楹，中藏古琴，其莊亦名「今蜷還琴樓」。

汪莊是上海汪裕泰茶號主人汪自新所營構。汪氏號惕予，別號蜷翁，邃於琴學，能書。所藏名琴百張，錦囊炫眼。又取揚州僧寺古木造琴（寺蓋唐武后所創）自出心裁，有梅花、鳳頭等格式。所藏唐琴，有龜紋斷者，其色黃黑相間如龜板，其紋有形無跡琴背題款甚多，若：「流水潺潺」四字隸書，旁小字為：「唐開元五年益州宣化道人為遐叔先生製」。又如宋琴流水斷紋如浪痕，琴上刻：「熙寧元年八月天臺劉志方監製」，蜷翁自題：「柱桐古木，合噐通靈，發音清邈，寄靜宜情。」又有宋文與可藏琴，篆書刻：「香林八節」。汪有琴譜墨拓，掛滿齋壁，而名其室曰：「琴巢」。又取松煙造墨，皆遵琴形。夫人趙素芳亦知琴，尤擅胡笳秋鴻之操。

二、據現在廣東古琴研究會蕭元〈武德「綠綺臺」琴小史〉說：唐琴「綠綺臺」有二：一為武德二年（西元六一六年）製；一為大曆四年（西元七六九年）製。大曆琴原為陳子壯弟子升所藏。明桂王朱由榔立於邕州，拜子升為兵部給事中。永曆西奔時，子升正奉命東行，久經流離，始得歸里。歿後，其所藏「綠綺臺」及「鳳凰」二琴下落迄無可考。

武德「綠綺臺」為廣東四大名琴之一，餘為「春雷」、「秋波」、「天蠁」，原為明武宗朱厚照御琴，後賜大臣劉某。琴底頸部刻隸書：「綠綺臺」三字，龍池右側刻有：「唐武德二年製」六字。琴仲尼式，黑漆，日久呈黝赭色。通身交錯呈腹、牛毛、冰裂、流水、梅花等斷紋。琴首尾兩端已朽。明末，鄺露得諸劉家。

順治七年（西元一六五〇年）清兵入粵，鄺露與諸將堅守廣州凡十閱月，城陷，露端坐海雪堂，環列唐琴珍玩以殉。琴為清兵所得，鬻於市，歸善（今惠陽）葉猶龍以百金得之。暇日，集名流泛丹豐湖，出「綠綺臺」命客一彈再鼓，座中梁佩蘭，屈大均，今釋等皆掩涕，賦長歌，今釋為之序，有：「此鄺中翰湛若琴也。中翰死於兵，家貧暫典，力不能贖，葉錦衣德備贖之」等語。屈大均作長歌，中云：「顧謂雙鬟陳綠綺，一時賓客皆傾耳，言是中書鄺子琴，珠徽如月寒光起，梅花千個斷龍鱗，沈香一節鸞尾。製自唐朝武德年，隱隱金書御璽連。毅皇親向宮中選，賜與劉卿世世傳。」蓋紀實也。後琴歸馬平楊氏，楊氏旋寄籍番禺。咸豐八年（西元一八五八年）太平軍興，其裔楊小遂將琴託管於陳氏，陳氏轉典於可園主人張敬修質庫。張氏既得「綠綺臺」，大喜賦七絕四章紀其事，並於可園築「綠綺臺」藏之。

辛亥革命後，張家陵替，琴為鄧爾雅氏所得。西元一九二二年軍閥據粵，鄧氏避地香港，携琴以俱。西元一九二九年，復築「綠綺園」於大埔，為藏琴之所。西元一九四四年七月，園為颱風所毀，鄧氏所蓄珍異俱亡，而「綠綺臺」獨巋然無恙。西元一九五四年九月六日，鄧氏病篤，彌留之際，猶撫琴依戀不捨，乃至最後一息。鄧氏歿後，聞此琴仍藏其家。

三、據廣東莫尚德〈「春雷」琴的下落〉一文中說：「春雷」是廣東四大名琴之一，據傳是唐代所製。宋徽宗趙佶藏於宣和殿，為萬琴堂第一。後為金章宗完顏璟所得，又為昌明御府第一。章宗死後，以「春雷」琴殉葬。十八年後，章宗墓被盜，「春雷」復出人間，完好無損。宋周密稱之為「天地間尤物」。元時藏於承華殿，後為大臣耶律楚材所得，最後把「春雷」和種玉翁「悲風譜」一起贈與萬松老人。自此，「春雷」有一段時間下落不明。

清末民初，琴為廣東收藏家何冠五所。何後經商失敗，藏品星散，「春雷」輾轉流歸番禺江兆鏞、微尚齋，再轉讓給畫家張大千，藏於巴西八德園。

西元一九八一年，電視劇《卓文君》劇中〈鳳求凰〉一曲，即由「春雷」琴彈出。同年底，張大千將「春雷」同他收藏的另一張宋琴「雪夜鍾」，送台北歷史博物館展覽。

說到電視劇《卓文君》，是講西漢文學家司馬相如的浪漫愛情故事。他和卓文君於邛州（古稱臨邛）初遇，以一曲〈鳳求凰〉定情，至今邛州還有他的「撫琴臺」在。

五、箜篌與豎琴

說起來這已經是去年的事了，不過是在去年的年尾。我在《世界日報》看到一條新聞，標題是：「箜篌演奏家崔君芝將獲密市表揚，市長親自頒獎，並定十一月一日為『中國豎琴節』」，內文介紹：「崔君芝多年來在美國各地推廣中國音樂文化」，她的學生李茜日前才在全美樂器大賽贏得一等獎。崔君芝是中國箜篌發展史上的實踐者，因而有「中國箜篌第一人」的美譽等。

看完這條新聞，使我振奮不已，原因是，在我國已經失傳了四五百年的樂器，現在居然有人會造，有人會彈，而且還傳遍美國各地，實在是有「復興中華文化實質的意義」。

「箜篌」之名，最早見於西漢司馬遷所著《史記・封禪書》，不過這兩個字當時沒有竹子頭，他是這樣說的：「其春，既滅南越（通粵，即現今的兩廣）……於是塞南越，禱祠太一后土，始用樂舞，益召歌兒，作二十五弦及空侯琴瑟自此起。」

到東漢，應劭在其所撰《風俗通》中說：「漢武帝禱祠太一后土（星神地神），始用樂人侯調，依琴作坎坎之樂，言其坎坎應節奏也，侯以姓冠章耳。或說空侯取其空中，琴瑟皆空，何獨坎侯耶？斯論是也。詩曰：『坎坎鼓我』是其文也。」在此又有「坎侯」之說。

《隋書・音樂志》又說：今曲項琵琶，豎頭箜篌之徒，並出自西域（漢時指甘肅敦煌以西諸國），非華夏之舊器。在這時不但有「豎頭箜篌」這個名詞出現，「箜篌」二字也給加上了竹字頭。因此，「箜篌」也叫「坎侯」、「空侯」。

近代有一位日本人，名叫林謙三，著有一本《東亞樂器考》，他在該書中說：「中國所知道的箜篌有三種：一、臥箜篌，二、豎箜篌，三、鳳首箜篌。三者雖然都叫箜篌，其實臥箜篌是屬於琴瑟（Zither齊特拉琴）一類，其餘二者屬於所謂豎琴（Harfe, Harp）之類，應當加以區分。」如此說來，光說「箜篌」並不能代表或釋為「豎琴」，必須要說我國的「豎箜篌」，即是西方的「豎琴」方才正確，不過一般都說成習慣了。

關於「坎侯」，並文已經說過，那麼「空侯」和「箜篌」又是什麼意思呢？依隋代陸法言在其所著《廣韻》中解釋：「箜篌之本義作『樂器』解，乃二十三弦，彈以發音之樂器，或為竹身，故篌以竹。」但日人林謙三則認為，是從漢代就冠以外來語，是古代土耳其蒙古語的譯音。他說：「從初寫『空侯』或『坎侯』而改寫為『箜篌』看來，可以猜想原先是與筑、箏一樣以竹為胴（槽）的樂器。由這一點來認為是原筑、箏同為南方竹胴琴、箏類裡分化出來的看法，不能遽斥為毫無根據的幻想。《史記・封禪書》所記：漢武帝塞南越，祠太一后土，始作『空侯』，就未始不可說是不暗示著這樂器的起源於南方。不過認為南方系與語原之近似西方相背馳。然而，南方器物賦以西方之名，也不是絕不能有之事。」

我國對於從少數民族和外國引進的樂器，通常都是以雙音命名，有的是在漢名前加上「胡」字或某一少數民族的漢稱，如胡笳、胡角、羯鼓、羌笛……有的則直接引用原名音譯，如琵琶、達卜、觱篥、箜篌也是。再如「曲項琵琶」，根據史料，是在公元三五〇年左右經由印度傳入我國的，因此林氏的說法比較有說服力。

下面我們再來談談西方的「豎琴」。依照埃及古圖記載，早在紀元前三四千年就有這種樂器了，只是後來不斷的加以改良，才成為現代的「豎琴」。相傳它是由遠古的射箭、箭發絃鳴得來的靈感，因為它是豎立的，所以叫「豎琴」。在古希臘叫「Lyre」，意大利和西班牙叫「Arpa」，在德國叫「Harfe」，在法國叫「Harpe」，在英國和美國叫「Harp」。現代一般所用的「豎琴」，據說是由一位法人名叫艾拉爾德（Sebastien Erard）設計製造的，到十九世紀末期，又有「半音豎琴」出現。

說到這裡，想起幾年前也是在報上看到一則類似的消息，大意是：樂器世界發明大王李信征，潛心改良製造出中國第一台豎琴。五十年代李信征任中國樂器廠工程師，創造出一種音柱具有中國特色龍鳳圖案的豎琴。之後，中央音樂學院就在那時（大概是西元一九五八年左右），開辦了一個「德國豎琴專家班」，培養出首批五位豎琴演奏員，其中一位還是李信征的女兒——也是豎琴演奏家李望一的老師。

且不管這後兩件新聞消息是否有關，對中國音樂來說，都是一件令人興奮鼓舞的事。就中國一切邁向「現代化」、「國際化」來說，在「文化」方面也踏踏實實向前邁出一大步。

六、黎府八才子

二〇〇六三月十至二十一日，北美《世界日報》「上下古今」刊出吳劍先生〈毛毛雨下個不停——黎錦暉與中國流行歌曲〉大文，拜讀之下，受益良多。在此首先謝謝作者和編者，同時也想藉此機會，談談「黎府八才子」。

我國自「五四」新文化運動以來，出現不少才子兄弟，他們不但享有盛名，而且確實影響深遠，我們應該念念不忘才是。諸如張善子、張大千兩兄弟；劉半農、劉天華兩兄弟；沈士遠、沈尹默、沈兼士三兄弟；周樹人（魯迅）、周作人、周建人三兄弟等，但都不如黎府八兄弟人數之多。依長幼排行他們是：老大黎錦熙、老二黎錦暉、老三黎錦耀、老四黎錦紓、老五黎錦炯、老六黎錦明、老七黎錦光、老么黎錦揚，另外還有三姐妹，也都非常優秀。

黎府是長沙馬王堆出土漢墓軑侯夫人黎氏的後裔，歷代書香世家。他們的祖父是前清戊子舉人，官居太守。父親和老大錦熙是晚清秀才。但他們接受了「維新思想」，極力抨擊滿清的腐敗無能，主張科技救國，在家鄉興辦「長塘杉溪學堂」，聘請「新學」明師教導，開設算術、格致、博物、音樂、美術等新課目，也保留四書、五經，取中西之長，栽培下一代。

老大錦熙（一八八九～一九七八）字劭西，早年參加「同盟會」。一九一一年於湖南優等師範畢業後，即在該校任教，是毛澤東的國文老師。一九一四年與楊懷中等創辦「宏文圖書編輯社」，編撰中小學教材。一九一五年任教育部教科書特約編纂員。一九一六年倡導並組織「中國國語研究會」。一九一八年任「國語統一籌備會」會員。二〇年代，曾先後任「漢字省體委員會」委員、「國語羅馬字拼音研究會」成員、「國語辭典編纂處」倡導人與總編纂。

一九二四年，與錢玄同創辦《國語周刊》，提出「減省現行漢字筆劃案」，與趙元任等提出「國語羅馬字拼音法式」。著有《國語學講義》（一九一九年）、《比較文法》（一九三三年）、《國語運動史綱》等論著。在研究白話文學及現代口語基礎上又寫成《新著國語文法》（一九二四年），創立了獨特的白話文語法體系。該書印行二十四版，產生重大影響。為「五四」以來研究和推廣國語、白語文及漢字改革的重要先驅之一。

自一九二〇年起，他先後在北京高等師範學校，高等女子師範學校、北大、燕大、中大、女師大、師大等校任國文系講師、教授。抗戰爆發，他到西安、蘭州等地，在西北聯大、西北師院繼續從事教育工作。

他是一位很了不起的語言學家、文學家，同時也是一位書法家。西北聯大於一九三八年遷到陝南城固時，城固是漢張騫的故鄉，有其墓，但已荒圮，他們為他立碑紀事橫聯豎幅，他都加寫「注音符號」，因其一生以推行國語為己任。所寫注音符號，亦秀麗異常，自成藝術，與其書法相互輝映，有珠聯璧合之美。

一九四九年他發起組織「九三學社」，之後曾任北師大中文系主任、中國文字改革協會委員、中科院社科部委員，九三學社中常委，政協委員及全國人大代表等職。並一直從事教育工作。出版有：《中國語法與詞類》、《中國文字與語言》、《中國語法教程》、《文字改革論叢》等。

老二錦暉（一八九一～一九六一），自幼喜愛音樂，可謂「十八般武藝」樣樣全通。在讀長沙優級師範時，與毛澤東同學，但不同科，他學的是音樂繪畫。一九一二年畢業後，便做音樂教員。

一九一六年，加入北大音樂研究會，被推為「瀟湘樂組」組長。北大校長蔡元培主張「中西合璧，雅俗共賞」，對當時全國小學生唱〈孔子歌〉用日本國歌曲譜極為不滿，便鼓勵錦暉多創新曲。

本來錦暉與大哥錦熙同趙元任一起研究注音符號（亦稱字母），後被委任上海「國語專科學校」校長，為了實驗新編國語課本和教法，他便蒐集民間曲調，用國語發音，填上白話文歌詞，並組織「國語宣傳隊」，在蘇、浙一帶巡迴演唱，由大女兒黎明暉主唱，他以小提琴伴奏，成效相當良好。

自一九二〇至一九二七年間，他主編上海中華書局發行出版的《小朋友》周刊，在該刊連載了他十二部兒童歌舞劇本，提供給中小學作課外活動之需。並在借編「兒童歌謠」和舉辦大規模暑期間國語教師講習班時，徵集成千上萬首童謠民歌，用來改編創作，像膾炙人口的〈老虎叫門〉：「小孩兒乖乖，把門兒開開，快點兒開開，我要進來」；「不開不開不能開，媽媽不回來，誰來也不開」，就是其中之一。再如〈可憐的秋香〉（筆者小時曾上台表演過），被選入世界民歌選，還被外國音樂家改編成鋼琴曲，和大型紀錄片《中國之抗戰》音樂主題曲等。這是他在推行國語和兒童音樂、文學、戲劇、舞蹈、教育各方面的貢獻和開風之先。

就在一九二〇年，他和國劇名家言菊朋等，成立了「明月音樂社」，提出「高舉平民音樂的大旗，猶如皓月當空，千里共目，人人能欣賞」，故而名之。一九二六年，他以明月社為班底，在上海又成立了「中華歌舞專門學校」，聘請外籍舞蹈家和魏索波教授西方舞和民族舞，聘請剛從法國回來的唐槐秋等教交際舞，以迎合時代潮流。

一九二八年，他又以歌舞學校學員做骨幹，成立了「中華歌舞團」，自任團長，到南洋各地作巡迴表演。為此，他以民歌的曲調，寫下了我國最早的國語流行歌曲〈毛毛雨〉，用新音樂的形式，創作了〈妹妹我愛你〉、〈人面桃花〉、〈落花流水〉，等歌曲，遂成為我國「流行歌曲」鼻祖。

到南洋演出的首站是香港，假「香港大舞臺」首演，一開幕八位女演員身穿國產紡綢長裙上場，首唱〈總理紀念歌〉（錦暉作），觀眾全體肅立，連一些英國貴族官員也都一起起立，這在英殖民的土地上也是創舉，使愛國的僑胞們感動地流淚。接連四天，場場爆滿。

之後到新加坡、馬來西亞、泰國、印度尼西亞、菲律賓等地，作了為期九個多月的表演，到處受到熱烈的歡迎。不但做了漂亮的國民外交；也賺了不少外匯。

在作巡迴演出期間，他受到南洋西洋小曲和愛情歌曲的影響，特別是美國爵士樂和喬治·葛希文的通俗歌曲感染，完成了「家庭愛情歌曲百首」。他擅改編，據他的兒子黎遂說：其中的〈桃花江〉（就在他家鄉湖南益陽），出自宋玉的詩；〈我一看見你〉，是《西廂記》的造句；〈夜深沉〉，是改編胡適譯自美國的民歌〈小吉梅〉；〈茉莉花〉，是英國詩人的作品等。

在此時期，他還受杜月笙之託，為上海「楊子江大飯店」訓練過第一個由華人組成爵士大樂隊；為田漢的「南國社」改組，把電影一部門改為文學、繪畫、音樂、戲劇、製作幾個部門，成為今天的綜合藝術形式。中華人民共和國國歌譜曲者聶耳，原是一口雲南腔的小提琴練習生，也是經他花了一年多的時間，為他啟蒙開導，成為一位偉大的作曲家。聶耳在自己的日記裡這樣寫著：「黎錦輝是中國最多產、最有影響的作曲家。」「我向他學習作曲，我對音樂的認識和技術上的進步是出乎我意外的神速。」

而他的歌舞團，也給電影界輸入一大批的明星，例如他的夫人徐來（後被唐生明搶去），他的女兒黎明暉（女童星）、王美人、薛玲仙、黎莉莉、于立群、胡楓、嚴裴、歐陽紅櫻、周曼華、胡笳、英茵、張帆、白虹、周旋等都是，周旋這個藝名還是他取的。

令他想不到的是，明月歌舞團在上海招考新團員時，江青（那時叫藍蘋）也去報考了，錦暉發現她兩眼不停亂轉，使他想到孟夫子所說的：「胸中正則眸子瞭焉，胸中不正則眸子眊焉」，便沒錄取她，那想到日後她竟做了第一夫人，「文革」期間竟將他置於死地。

老三錦耀：是礦學專家，曾任中國礦業主事，主編《中國礦業雜誌》。

老四錦紓：留德，是平民教育家，主持「中國平民教育促進會」。

老五錦炯：是濼河鐵路大橋設計者。

老六錦明：一九〇五年生，字君亮，筆名有均亮、錫明、錫朋等。早年受長兄培育，由北京高師附小、畿輔中學、北京藝專而考進北師大（一九二五年）。一九二四年曾在北京《晨報》發表處女作短篇小說〈僥倖〉。一九二六年出版第一部短篇小說集《烈火》。此後在廣東、海豐、鄭州、洛陽等地做中學教員。」一度擔任鄭州《朝報》編輯。一九三〇年起，開始在北平中國大學、保定河北大學任教職。這時已出版小說集有：《塵影》、《雹》、《破壘集》、《馬大少爺的奇蹟》、《蹈海》、《瓊昭》、《一個自殺者》等。一九三三年後，又出版有：《失去的風情》、《獻身者》、《戰煙》、《夜遊人》、《大街的角落》以及《新文藝批評談話》、《新文藝批評概說》等。魯訊讚譽他是「湘中作家」，說他的作品「蓬勃著楚人的敏感和熱情」，把他歸於「鄉土文學派」。他還寫過主觀的抒情小說、弗洛伊德式的心理分析小說、傳奇小說。一九三七年後，他在湖南、廣西、貴州等地一面教書一面寫作。一九四七年後，在家鄉研究民族史、生物學、農林和醫療衛生等。也曾擔任過湘潭人代、省文聯委員、省政協委員。

老七錦光（金玉谷）：在讀湖南第一師範時，是毛澤東的學生。之後一直追隨二哥錦暉，是「明月歌舞團」樂隊的指揮；也是〈夜來香〉、〈採檳榔〉、〈考紅〉、〈我有一段情〉、〈春花秋月〉、〈玫瑰花開〉、〈太平春〉、〈鵲橋相會〉、〈尋夫〉、〈喜相逢〉、〈四季愁〉、〈人人都說西湖好〉、〈少年的我〉這些歌曲的作者。尤其是〈夜來香〉，一直流行到現在，日本歌星李香蘭就是唱這首歌走紅的。

老八錦揚：一九一六年生，是兄弟中的老么。他在青島山東大學外文系讀書時，是名作家老舍的學生，江青（藍蘋）那時是該校圖書館的職員。後由長沙臨時大學轉入西南聯大文學院。一九四一年畢業後做過雲南土司的英文秘書。一九四五年他到美國，先入紐約哥倫比亞大學讀比較文學，後得他大哥好友趙元任的幫助，獲得獎學金，轉耶魯大學攻戲劇。一九四七年獲得碩士學位。之後，曾在三藩市餐館打工，以英文寫「*Flower Drumsong*」（〈花鼓歌〉），榮登《紐約時報》暢銷書排行榜，並於一九五七年改編成舞台劇，在百老匯演出時，至受歡迎，歷久不衰。由於演出的成功，獲贈三藩市鑰。一九七七年，該書又被環球電影公司搬上銀幕，在全球各地上演，均獲好評，成為蜚聲國際著名小說家。另著有「*Madame Goldenflower*」（擬譯為《金花夫人》）。以及《旗袍姑娘》、《馬跛子與新社會》、《掌門》、《處女市》、《金山》、《天涯淪落人》、《中國外史》、《太平天國》、《憤怒之門》等；他的《天之一角》，由臺灣中華電視公司改編成《怒江春暖》連續劇。他也曾為著名的「New Yorker」（《紐約客》）雜誌撰稿，為《世界日報》英文版寫過「So I Say」（如是我言）專欄。現居美國。

八個兄弟全是才子，這在中外歷史上是少有的，有幸出在現代，出在我國，也是一份驕傲。

七、新教育首位音樂教育家沈心工

十九世紀末年，我國開始推行新教育。起初，除書本教育之外，只有增加體操，並沒有音樂。第一個把樂歌帶進學校教學生的，是音樂教育家沈心工。

沈氏原名慶鴻，號叔逵，筆名心工。清同治九年（西元一八七〇年）生，上海人。幼時隨母住青浦，後因父在湖南作官，八歲到湖南長沙辰州等地，跟兄長慶長讀私塾。一八九一年二十一歲，考入上海縣學。二十三歲與辰州莫雪梅完婚。二十五歲於上海約翰書院執教。同時自修英、數。光緒二十二年（西元八九六年），上海南洋公學開辦，沈氏考入師範班，該校同時有附設小學，一九〇一年被聘為教師。

同年，沈氏東渡日本，次年（一九〇二年）十一月，在東京創辦「音樂講習會」，後來流行於全國的〈男兒第一志氣高〉這首歌曲，就是這時創作的。

一九〇三年回國，除在母校附小（一九一一年任校長）任教外，同時在務本女塾、龍門師範等校兼課，有很多中小學教師來跟他學習音樂，回去轉教學生。這時上海南市設有滬學會，也聘他教音樂，後來成為音樂美學大師的李叔同（弘一大師），初期的音樂實在是從他這裡學來的。後來的大作曲家黃自，也受他的影響很深。

雖然他曾兼任過大學的訓育主任，但是本位不動，一直到一九二七年退休。退休後朋友們強迫他去作南匯縣的縣長，結果只作了一百二十五天就堅辭不幹了。主要是因為非分之財不能取，賠錢又賠不起。之後到處旅遊，一九四七年病逝，享年七十八歲。

沈氏在日本時即開始編寫樂歌，填配的歌曲，詞曲結合較好，內容題材廣泛，歌詞淺顯易懂，適合兒童特色。辛亥革命時期，編有〈革命軍〉等歌曲。所編《學校唱歌集》共三集（一九〇四~一九〇七）是我國最早的學校唱歌集。辛亥革命後編有《重編學校唱歌集》（共六集）、《民國唱歌集》（共四集）。一九三七年選編所作的樂歌有《心工唱歌集》等。其代表作計有〈黃河〉（自作曲）、〈革命必先格人心〉（自作曲）〈「體操——民操」〉（又名〈男兒第一志氣高〉）、〈鐵匠〉、〈竹馬〉、〈雁字〉、〈賣布〉、〈賽船〉等。

八、中華人民共和國國歌作曲者聶耳
——原題〈大陸國歌的作曲者聶耳〉

說起現在中國大陸的國歌，它原本是一九二〇年代中國的一首老歌，由田漢作詞，聶耳作曲，是電影《風雲兒女》裡一首主題曲——〈義勇軍進行曲〉。這首曲子在抗戰時期十分流行，就連我這個生長在鄉下的小孩也都會唱，歌詞大約是這樣：

起來！不願做奴隸的人們，把我們的血肉築成新的萬里長城，中華民族到了最危險的時候，每個人們必須發出最後的呼聲，起來！起來！起來！我們萬眾一起，冒著敵人的砲火前進！前進！前進！進！

以上是憑我兒時的記憶寫出來的，根據熊德昕編的〈抗戰歌聲〉，詞句小有不同，在此一併提出，作為讀者參考，他的歌詞是這樣的：

> 起來！不願做奴隸的人們，把我們的血肉築成我們新的長城，中華民族到了最危險的時候，每個人被迫著發出最後的吼聲，起來！起來！起來！我們萬眾一心，冒著敵人的砲火前進！前進！前進！進！

中共是在一九四九年九月，把這首歌奉為國歌，不久被廢止，改以陝北民歌〈新官上任〉填上〈東方紅〉歌詞作為國歌。一九七八年，中共第五屆人大第一次會議通過，修改前〈義勇軍進行曲〉歌詞為「集體填詞」，大概是從這時起，這首歌獲得了「平反」，又把它當作國歌。

大戲劇家田漢這個人，想來大家不會陌生。而聶耳因為死得太早，恐怕已被人淡忘了。聶耳的本名叫聶寄信，字子義（儀），號紫藝，曾用過黑天使、王達平做筆名，他生來聽覺靈敏，朋友們都戲稱他叫「耳朵先生」，所以也就把名改為耳了。

聶耳是雲南玉溪人，民國元年出生於昆明，至於他出生的日期，有的說是二月二日，有的說是二月十四或十五。他的父母都是中醫；他四歲時父親去世，由母親彭氏撫養長大。

聶耳十歲入求是小學高小部讀書，課餘學吹牧笛，兼習二胡、三弦、月琴等器樂，畢業後升昆明聯合中學，兩年後因家貧輟學。十八歲那年考入雲南省立第一師範外語組，在校加入「中國共產主義青年團」，一年後因不滿學校生活，到第十六軍當文書，其後又入廣東戲劇研究所。在離雲南七個月後，又回到雲南一師就讀。

民國十九年畢業時，當時滇省破獲一個青年團地下組織，聶耳被列為通緝者之一，遂於七月經越南逃往上海；於報考國立上海音專失敗之後，便在一家申莊商號做店員。十一月加入上海「反帝大同盟」，宣傳抗日救亡和參加遊行示威等活動。

民國二十年初，申莊商號倒閉，三月，聶耳考取由黎錦暉領導的「明月歌劇社」，自此朝夕苦練小提琴，後升為歌劇團首席小提琴師。就在此時，他結識了劇作家田漢，遂加入由田漢所領導的「蘇聯之友社」音樂組，並兼任左翼《電影藝術》雜誌編輯，也為「聯華電影公司」作曲，參加上海左翼劇團，在《母性之光》一劇中，曾飾演礦工和老人兩個角色。

民國二十一年上海事變，聶耳參加了慰勞第十九路軍的工作，因為寫了一篇〈中國歌舞短論〉，竟與黎錦暉意見不合，憤而辭職。是時田漢任「藝華影片公司」編委，兩人遂合作為電影主題曲和插曲作曲作詞。此後兩年，作有歌曲三十四首，同年並加入由洪深、夏衍所領導的「左翼戲劇家聯盟」。

民國二十二年，他出任「上海電影文化協會」執行委員，七月加入「中國共產黨」，由田漢介紹，夏衍是監誓人。八月，電影《母性之光》在上海公演，他在該片飾演黑人礦工一角。同年發起組織「中國新興音樂研究會」、「聯華聲樂團」、「中蘇音樂學會」。

民國二十三年，執導《揚子江暴風雨》，兼飾劇中碼頭工人老王，這一年他寫了二十二首歌曲，包括《揚子江暴風雨》中的〈賣報歌〉、〈苦力歌〉、〈碼頭工人歌〉，電影《桃花劫》插曲〈畢業歌〉，《大路》插曲〈大路歌〉、〈開路先鋒〉，《桃花村》插曲〈飛花歌〉等。同時還負責「上海百代唱片公司」音樂部的工作。

民國二十四年二月，田漢喬裝成觀眾在上海金城戲院看自己編的「回春之曲」演出，與陽翰笙同時被捕，囚於南京憲兵司令部。消息傳來，聶氏自然急於逃匿，蟄居二月之後，於四月十五日由上海搭輪船逃往日本，並計畫由日轉赴蘇聯或西歐深造。

在去國之前，聶耳曾寫有〈新女性〉、〈打長江〉、〈鐵蹄下的歌女〉以及電影《風雲兒女》主題曲——〈義勇軍進行曲〉初稿，在輪船上將此初稿完成定稿。十八日船抵日本，隨即將此定稿寄回上海，在五月出版的《電影畫報》第一期上發表。這是他唯一的一首代表作，但也是他最後一首遺作。

他到日本，暫居東京神保町，七月上旬應朋友之邀，協助日本新劇團在京都、大阪公演，路經神奈川縣籐澤市時，時常獨自一人到附近海灘游泳，十七日下午二時在鵠沼海濱游泳時，不幸溺水，一代音樂奇才從此與世長辭，終年僅僅二十四歲。

一九五四年，日本為了紀念這位英年早逝的中國音樂家，便在他遇溺的海灘附近，為他建一「耳」形紀念碑。他的骨灰當時是運回昆明葬於昆明湖畔，一九八〇年五月十三日，中共復將其骨灰遷葬於昆明西山太華寺至三清閣之間的山坡上，新的墓碑上刻著：「人民音樂家聶耳墓」。

（二〇〇一年九月一日至二日發表於北美《世界日報》「上下古今」版。）

註：為求史料完整，筆者拜託旅居日本的內弟薛攀洪拍攝在日本的「聶耳紀念廣場」，也拜託在雲南工作的侄兒戴俊中拍攝在雲南的「聶耳紀念館」等，在此一並致謝。

在日本的聶耳紀念碑。（薛攀洪先生拍攝）

在雲南昆明的聶耳紀念館部分照片。（戴俊中拍攝）

九、黃河大合唱的作者冼星海

聽說台灣的音樂界，為了紀念抗戰五十周年在國家兩廳院連續舉辦四場「黃河大合唱」音樂會，反應熱烈，場面感人；而僑居在美國舊金山的華人，為了反制美日「舊金山和約」簽定紀念慶典，也舉辦了「中國之怒吼」，演出「黃河大合唱」，吸引了近兩萬人參加，此地的電視第二十六台，由史東主持的「話越地平線」叩應節目，事前曾訪問這次大會承辦人，並有聽眾以電話向承辦單位索取「黃河大合唱」資料，以共襄盛舉。

黃河是中華民族的發源地，是中華兒女的母親，也最能代表中國，由此看來，所謂的「民族大義」還是存在的、可貴的，「黃河大合唱」這首歌曲的藝術價值，也還是被肯定的。為了紀念抗戰，為了紀念這首歌曲的作者，我們來談談這首歌曲以及這首歌曲的作者。

這首歌曲前有「說白」：但是，中華民族的兒女啊！誰願像豬羊一般，任人宰割？我們要抱定必死的決心，保衛黃河，保衛華北，保衛全中國！

歌詞是：

風在吼，馬在叫，黃河在咆哮，黃河在咆哮，河西山崗萬丈高，河東河北高粱熟了，萬山叢中抗日英雄真不少！青紗帳裡游擊健兒逞英豪！端起了土槍洋槍，揮動著大刀長矛，保衛黃河保衛家鄉！保衛華北！保衛全中國！

因為有「輪唱」，在第一輪和第二輪中歌詞有重復、穿插，有「龍格龍格龍格龍」輕快灑脫的聲調詞，標以「輕快有力」唱出。

在歌譜方面：是C調，四分之二節拍。在「說白」之後是「引曲」，有三十二小節，以笛、口琴、二胡、低音口琴奏出。主曲計八十三小節，外有「輪唱」曲譜是主曲的兩三倍，均標以「明快有力」奏出。

「黃河大合唱」詞曲都是冼星海先生的作品。冼氏廣東番禺人，出生於清光緒三十一年（西元一九〇五年），是遺腹子，七歲時隨母親由澳門到南洋，在南洋讀完四年私塾，入英文小學，十二歲轉華僑高等小學，繼升養正中學。

民國七年隨母親返回廣東，入嶺南大學附屬中學做工讀生，在校期間曾參加詩歌班、銅樂隊。任升嶺大預科文科。

民國十三年結業，任嶺大銅樂隊教授，兼嶺大附小、培正中學、工人夜校等音樂教員。

民國十四年任嶺大附設華僑學校庶務主任。

民國十五年，進北京大學音樂傳習所，專修樂理及小提琴，並兼北大圖書館助理員。

民國十六年秋，進上海音樂院，第二年參加田漢的「南國社」，負責音樂方面工作。

民國十八年夏，因為參加學生運動，被音樂院開除，同年赴法國遊學。

冼星海在法國經馬思聰的介紹，跟奧別多菲爾習小提琴，又從其他一些音樂家學習和聲學、對位法，之後就讀國民樂派音樂專科學校、法國國立巴黎音樂院高級作曲班，學指揮和音樂理論。其間，曾作有鋼琴曲、組曲、小提琴弦樂四重奏、三重奏，及譜中國古詩十餘首，不過均以法文寫唱。在法期間同時也參加了一些工會組織。

民國二十四年，冼星海畢業於巴黎音樂院，遊歷歐洲後經倫敦、香港回國。在上海他參加了「歌曲作者協會」，提倡大眾化音樂，寫有〈熱血〉、〈戰歌〉、〈頂硬上〉、〈黃河之戀〉、〈運動會歌〉、〈茫茫的西伯利亞〉等歌曲。

之後，他任職於英國百代唱片公司，擔任配音，其間寫有：〈救國軍歌〉、〈流民三千萬〉等，後與公司意見不合辭職。

民國二十五年出任新華電影公司音樂部主任，在拍《壯志凌雲》、《夜半歌聲》、《青年進行曲》時，由他擔任音樂指導兼作插曲。

民國二十六年，冼星海入了「業餘劇人協會」、「業餘劇團」，曾經多次演出，並為《日出》、《大雷雨》等劇作插曲、配音。後又加入「中蘇文化協會」。九一八事變後，又參加「上海文藝界救亡協會」，同時又與洪深、金山、王瑩等組織「上海救亡演劇第二隊」，到蘇、浙、豫、鄂等地作宣傳演出，此時作有：〈起重匠〉、〈游擊軍〉、〈保衛武漢〉、〈五一工人歌〉等。同年冬天他到武漢，任「武漢文化建設委貝會」委員，舉辦了一些更大型的民眾音樂會和救亡歌曲音樂會。

民國二十七年二月，國民政府軍事委員會政治部成立，四月政治部第三廳於武昌成立，由郭沫若任廳長，任冼氏為第六處第三科音樂課主任（處長是田漢），專管全國音樂工作。十月與錢音玲女士結婚，十一月逕赴延安，任魯迅藝術學院音樂系教授兼系主任。此時作有三幕歌劇《軍民進行曲》及合唱歌曲〈游擊軍〉、〈太行山上〉等。

〈黃河大合唱〉作於民國二十八年，同時有〈生產大合唱〉、〈犧盟大合唱〉。六月加入「中國共產黨」，九月完成〈九一八大合唱〉，次年完成〈滿洲國囚徒進行曲〉並赴蘇聯考察。民國三十年春作〈民族交響樂〉；又名〈第一交響樂〉。民國三十一年移居蒙古，次年作〈神聖之戰〉，又名〈第二交響樂〉。民國三十三年再度赴蘇，民國三十四年四月於病中完成〈祖國狂想曲〉（組曲），十月三十日因肺病卒於莫斯科，終年四十一歲。

冼星海一生著有：《反攻》（收錄歌曲三十八首）、《抒情歌曲集》、《抗戰歌曲集》、《工農救國歌曲集》、《冼星海歌曲選》、《我學習音樂的經過》等。審視冼氏一生作品，總不離愛國、救亡與圖存，不由得令人興起一份懷念之情和敬佩之心。

（二〇〇一年十月十三日發表於北美《世界日報》「上下古今」版。）

十、〈松花江上〉與流亡三部曲

對日抗戰期間，最能代表老百姓心聲的一首歌曲，應該是〈流亡曲〉，也叫〈松花江上〉。詞曲的作者張寒暈，一九〇二年生，原名張蘭璞，又名含輝、韓源，河北定縣人。自幼隨父學習二胡、琵琶等民族樂器，一九一五年就讀保定中學，一九二二年考入北京藝劇專門學校，一九二五年轉北京藝術專門學校戲劇系，同年參加中國共產黨，創作了《他們的愛情》等劇本。一九二八年夏，加入北平藝專，畢業後留校任教，創作了三幕話劇《黃綢衫》，後因與校方理念不合被革職。一九三〇年在北京加入中國左翼作家聯盟，三一年赴西安，於民教館任教，提倡話劇大眾化、地方化。一九三五年九月應邀赴西安，在由東北遷來的競存中學任教。一九三七年春，他創作了「街頭劇、松花江上」。這便是這首歌曲的由來。

後來，因為他做地下工作，受到搜查和監視。一九四一年秋，他奉命到陝甘寧邊區。一九四二年夏到延安，歷任邊區文協秘書長、戲劇委員會委員等職。創作了

「秧歌劇、從心裡看人、打開腦筋」等。被邊區人稱為「人民藝術家」。

一九三九年，大地影業公司拍攝一部《孤島天堂》，是由蔡楚生根據東北流亡學生司馬英才原著改編並任導演，主題曲亦由蔡楚生作詞，劉雪庵作曲。除此外，也選用了這首〈流亡曲〉（松花江上），和〈義勇軍進行曲〉、〈何日君再來〉等作為該片插曲。〈流亡曲〉後來改為「流亡三部曲」第一部〈松花江上〉，曲譜也經修改過，變成兩種版本。三部曲的第二部〈離家〉和第三部〈上前線〉，都是江陵作詞，劉雪庵作曲。

再者，李輝英一九四五年出版的一部小說，和由金山於一九四七年編導的一部電影，都叫《松花江上》。

十一、台灣義勇隊隊歌

北美《世界日報》二〇〇〇年二月十三日「上下古今」版刊載有謝家熊〈台灣少年團抗日事蹟〉一文，我未讀到，但在「讀者回響」中讀到葴山的〈台灣義勇隊與少年團〉一文，文中謂作者因工作關係與少年團有過接觸，現身說法，將台灣少年團內情，作更詳實的介紹。他說：台灣少年團屬台灣義勇隊，義勇隊又是浙江省抗日動員委員會屬下的一個組織，該組織於民國二十八年初成立於金華，由浙皖贛閩四省的台籍同胞組成，有全家加入者，帶來一批十一、二歲的男女少年，於是就把這些孩子組成少年團。當時義勇隊的隊長，是台籍軍校畢業生李友邦，此人在義勇隊成立之初，已創建了「台灣獨立革命黨」，其宗旨是台灣要從日本帝國奴役下爭取獨立，而後要返歸祖國。少年團有四五十人，只有兩人不是台籍，一個是由李友邦會同他的秘書（中共地下黨員）張一之到桂林新安旅行團請來的黃志義，做該團指導員；一個是中共派來的李煒（女，原名夏如如），冒充台籍，擔任指導員，負責該團實際工作。少年團成員，大部份只有小學程度，基本上是一個收容機構，初以學習為主，實行軍事管理，同時學日語及英語，並要求說純正國語，以便能演劇和做宣傳工作，並學刻鋼版，收發無線電報、騎自行車、吹號、吹口琴、寫藝術字、做標語、游泳和救護等，當年夏天，他們就開始到街頭表演街頭劇《賣梨膏糖》、《放下你的鞭子》、《最後勝利》、《打死漢奸》等，也會唱很多抗日歌曲。他們在金華出版一份《台灣先鋒》月刊，內有一欄叫「台灣少年」。一九四〇年十二月，張一之和李煒失蹤，後來發現，不但義勇隊內部有中共的地下組織，少年團中也有個「台灣共產主義少年團」。浙贛會戰以後，金華淪陷，台灣義勇隊往福建、浙南一帶成為游擊隊，少年團的少年因年齡增長，而成為義勇隊的成員。

我手頭上有一本《抗戰歌曲精選》，是由上海「大江南北雜誌社」一九八七年出版，孟波序、朱絳編，其中就有一首〈台灣義勇隊隊歌〉，作者為張華來。

十二、〈何日君再來〉本事

名歌星鄧麗君，一曲〈何日君再來〉，風靡全球華人。但是，問起這支歌曲的來歷，大都搖頭說不知。

說起這支歌曲，倒有一些小故事。首先，它是藝華影業公司出品——《三星伴月》電影裡的一個插曲。這部電影，是由方沛霖導演，由飾演女主角王秀文的周璇擔任主唱，一九三八年在上海新光大戲院首映。故事的內容情節是這樣的：

上海有位實業家，名叫姜立源，他創辦了一所興華化工廠，生產家庭日用品。他叫他留美的兒子宗良回來主持廠務。宗良為了拓展事業，投資廣播電台廣告，請華中電台歌星王秀文演唱。秀文甜美的歌聲打動了宗良，兩人墮入情網。後因誤會，兩人關係中斷。秀文因此提出辭呈，宗良很快悔悟，極力挽留秀文。就在此時，工廠為慶祝員工劉桂光研發產品成功，舉辦一場遊藝會，演出歌舞劇《三星伴月》和《工藝救國》，並邀請王秀文唱歌，她就唱了這首〈何日君再來〉。

這首歌曲，具體而生動的抒發了戀人頹然分手的情緒，深情而哀怨的旋律，富有探戈的特性和節奏，充分表現出女主角內心的傷痛和絕望。因此，自從影片首映以來，加上灌製唱片，幾乎成了所有舞廳必放的舞曲。

一九三七年出品一部《孤島天堂》電影，採用了此曲，在李香蘭主演的《白蘭之歌》和《患難交響曲》二部電影裡，也都採用了這首歌曲作插曲。據說，在敵偽時期，日本人很妒恨這首歌，以為是影射「何日重慶來」。

最初發行時，這首歌署名貝林撰詞，晏如配曲，其實，貝林就是方沛霖，晏如就是劉雪庵。在譜這首曲子時，劉雪庵還在上海國立音專就讀，當時低年級舉辦一場聯歡會，請畢業班同學為他們譜一支曲子，劉雪庵就譜了這支探戈舞曲。後來由《三星伴月》影片導演填詞，便成了今天這首膾炙人口的〈何日君再來〉。

十三、〈茉莉花〉這首歌曲

〈茉莉花〉這首歌，大家都很熟悉，但對它究竟知道多少？就很難說。

一九八四年，北京人民音樂出版社，出版一本《中國音樂詞典》，對這首歌的解釋是：茉莉花是一首民歌，是流行於全國各地的民間小調。歌曲通過對茉莉花的讚美，生動而含蓄地表達出青年男女的愛情。各地的歌詞基本相同，曲調有的相同有的相似。以江蘇省的茉莉花流行最廣，曲調委婉，結構嚴謹，為五聲徵調式。

最近報載：「茉莉花源於五台山佛教音樂」。根據有關專家研究指出，五台山佛教為東漢永平十一年，由印度高僧傳入，同時原產於印度、波斯等地的茉莉花，也隨之來到五台山；由於茉莉花是白色，代表聖潔，加上香味濃郁，許多佛香用它來做香料，受到僧人們的喜愛，於是譜寫佛樂的僧人，便作出以茉莉花為原型的佛樂「八段錦」，以示對茉莉花的讚頌。之後，僧人四處雲遊，曲調傳到江南，因為它流暢動聽，受到江南人們的喜歡，經人加工後，便成為一首風靡大江南北的中國民歌。如此說來，找到了這首歌曲的源頭。

民國七十六年台北傳記文學出版一本《周旋的真實故事》，其中有黎遂寫他父親黎錦暉一文，他說，黎錦暉寫過幾百首歌曲，並舉出：「〈桃花江〉的歌詞……是出自宋玉詩句意境……〈夜深沉〉是改編胡適先生譯自美國的民歌〈小吉梅〉，〈茉莉花〉是英國詩人的作品」等。至此，又找到了這首歌曲歌詞的來源，同時也找到了加工者。

對於曲調出處，筆者無話好說；對於歌詞的出處，如按黎遂所說，則不能再稱它是一首民歌，民歌是沒有作者的，更不能說是我國的民歌，因為它是英國詩人的作品。如果黎遂所指的只是某首詩的意境或部份，當中還有別的材料，自然另當別論。

筆者知道江蘇省有一首茉莉花的歌謠，與現在流行唱的茉莉花歌詞頗為神似，茲將這兩首歌詞抄錄於後，相互對照看看：

茉莉花（江蘇歌謠）

好一朵茉莉花，
滿園花開香也香不過它；

我有心採一朵戴，
看花的人兒要將我罵。
好一朵茉莉花，
茉莉花開白也白不過它，
我有心採一朵戴，
又怕旁人笑話。
好一朵茉莉花，
滿園花開比也比不過它，
我有心採一朵戴，
又怕來年不發芽。

茉莉花（歌詞）

好一朵美麗的茉莉花，
好一朵美麗的茉莉花，
芬芳美麗滿枝椏，又香又白人人誇。

讓我來將你摘下，
送給別人家，
茉莉花，
茉莉花。

兩首歌詞同樣都以「好一朵」起頭，加上裡面的「滿」字、「香」字和「白」字，以及「採」、「摘」、「旁人」和「別人」、「它」和「你」等，很難說是巧合，只有「送給別人家」，在意境上有所改變，這也許就是採用英詩的意境。

再以時代背景和黎氏本人來說，當時正是「五四」運動提倡新文化時期，胡適等人正擬以歌謠作藍本改革我國詩歌。黎氏本人是位通俗文學家和平民音樂改革者，在任上海「國語專科學校」校長時，為了實驗新編的國語課本和教法，曾經收集大量民間曲調，填上白話文歌詞，用國語發音，組織宣傳隊，在蘇、浙一帶巡迴演唱。更曾利用編輯兒童「歌謠」，和舉辦大規模暑期國語教師講習班的機會，徵集到數萬首民謠兒歌，做為他作曲和改編的參考，「茉莉花」的曲調和歌詞，很可能就是這時加工改編的，利用民間曲調，配上民間歌謠，可以說是自然而然，並非絕無可能。

一代民謠作曲家王洛賓說得好：「改編也是一種創造性的勞動，並且需要一種『心有靈犀』才能成功。」不管這首〈茉莉花〉的歌詞是英國詩人的作品也好或是中國的歌謠也罷，由黎遂那句話證明是黎錦暉改編的，應該沒有疑問。既然知道改編者，為了尊重改編者，筆者在此呼籲，今後應在這首歌曲之後注明：「詞曲，黎錦暉改編」才是。

十四、一支消失的軍歌

太平洋的浪濤在呼嘯，
祖國的原野在咆哮，
四萬萬人的熱血在跳躍，
青年的怒火已在燃燒。
誰能夠沉默，
誰能夠煎熬，
人民向我們喊叫，
國家向我們號召。
打起背包，
拿起槍刀，
新中國的兒女們，

光明在前頭照耀。

這是這支被禁軍歌的歌詞，筆者憑記憶寫出，或許其中有誤，回想民國三十四年抗戰勝利，接著內亂。三十六年孫立人將軍奉命來臺訓練新軍。大陸國軍與解放軍作戰節節失利，結果退守金馬臺澎。三十八年十月，金門古寧頭一戰，國軍始獲勝利，方才保住今日自由民主富裕康樂的臺灣。

金門古寧頭之戰，號稱「金門大捷」或「古寧頭大捷」，是孫將軍在臺灣訓練的「新軍」打勝的。孫將軍有功，新軍有功。但是後來由於「孫案」人事全非，令人痛心。前面這支被禁的軍歌，就是當年鼓舞新軍士氣的「新軍軍歌」，詞曲作者亦不知為誰？

十五、我唱過的幾首畢業歌

每年一到暑假，就會使我想起我曾唱過的幾首畢業歌。這些畢業歌，於今不但很難聽到，甚至已經「絕版」了，現索性把它們寫下來，作個紀念也好。

我於民國三十二年（西元一九四三年）小學畢業，時間是在淪陷區維持會時期，那時小學還分「初小」（一到四年級）和「高小」（五到六年級），我唱的第一首畢業歌歌詞是：

薰風吹荷花香，四六年同學，畢業好時光；柳絲孱，十里亭長，別時要從何處說淒涼。朋友們，莫嗟傷，青年有志在四方；心心相印勿相忘，休作女兒樣。毋徬徨，快翱翔，看前程萬里，乘風破浪。

遺憾的是，這首詞曲的作者不知是誰。

初中畢業，已是抗戰勝利的第二年，所唱的畢業歌，歌詞是：

窗前問道，燈下論文，三載去無痕；學業未成，驪歌忽唱，歧路此暫分。希望在前，大任在身，分袂何足恨？江海迴瀾，狂流砥柱，都有我輩分。同氣相求，同聲相應，別後交更深；眾水共源，諸葉同根，形異實相成，希望在前，大任在身，分袂何足恨？江海迴瀾，狂流砥柱，都有我輩分。

這時，雖然日本已經無條件投降，但是國共兩黨的戰爭天天在打。由於國軍的一再失利，節節敗退，我們學校也開始流亡。

民國三十八年，高三班的同學提前畢業，說也奇怪，不知為什麼，我們竟然會唱起另外一首畢業歌來，這首畢業歌的歌詞是：

同學們！大家起來！擔負起天下的興亡！聽吧！滿耳是大眾的嗟傷；看吧！一年年國土的淪喪！我們是要選擇戰還是降？我們要做主人去拼死在疆場，我們不願作奴隸而青雲直上！我們今天是桃李芬芳，明天是社會的棟樑；我們今天是弦歌在一堂，明天要掀起民族自救的巨浪！巨浪，巨浪，不斷的增漲！同學們！同學們！快拿出力量，擔負起天下的興亡！

大家唱得熱血沸騰，熱淚盈眶。其實，這不是一般學校所唱的真正畢業歌，而是民國二十三年抗戰前夕所拍攝的一部電影——《桃李劫》的主題曲，在當時卻非常流行。

《桃李劫》這部電影，是由袁枚之編劇，應雲衛導演，是中國第一部真正有聲電影。

所謂「真正」有聲電影，是指人物語言、自然音響和音樂，都進入電影裡，且都能找到「自己的位置」，而彼此關照，競相輝映，三種聲音都成為藝術表現的手段；不再是各自獨步行吟、孤芳自賞。

《桃李劫》就是這樣的一部電影。

這部電影裡的主題曲——〈畢業歌〉，是由田漢（陳瑜）作詞，聶耳作曲。他們二人為電影作了不少歌詞歌曲，其中以《風雲兒女》裡的主題曲——〈義勇軍進行曲〉最為有名，也就是現在中華人民共和國的國歌，作於民國二十四年，比前述

《桃李劫》之〈畢業歌〉晚了一年。

民國三十八年，國民政府遷到台灣，推行國民義務教育，由六年開始延長到九年。我曾在此時期教過音樂，所教的畢業歌是陳志遠作曲、張方露作詞，歌詞一共三段，首段是：

青青校樹，萋萋庭草，欣霑化雨如膏。筆硯相親，晨昏歡笑，奈何離別今朝。世路多歧，人海遼闊，揚帆待發清曉。誨我諄諄，南針在抱，仰瞻師道山高。

（第二段、三段略）

我在撰此文之前，幾乎逢人便問，會不會唱前面那兩首畢業歌？答案是聽都沒聽過。再問〈同學們大家起來〉這一首，七十歲左右的人都會哼幾句；再往下問，都說不知道了。

問到〈青青校樹〉這一首，從台灣來的都會，但也只會頭兩句，更別說三段都會唱了。

事實上這也是很自然的現象，因為畢業歌不像一般流行歌曲、藝術歌曲不受時間場合限制，再加上工商社會，生活忙碌，只有在畢業時才唱的畢業歌，也就很容易被遺忘了。

筆者在此一提，想來多少會給大家帶來一些回憶吧。

（二〇〇七年八月四日至五日發表於北美《世界日報》「上下古今」版。）

美術篇

一、清宗室書法第一人成親王

清代皇室自康熙起、重武輕文之風逐漸轉變。八旗世家、文人雅士輩出。其中以康熙第二十一子胤禧、乾隆第十一子永瑆、最最出類拔萃，在文壇藝苑各逞風流。

永瑆，乾隆十七年生，號鏡泉，又號少庵、詒晉齋主人、長春居士。於乾隆五十四年獲封和碩成親王（乾隆有三十五子，僅十一子永瑆、十五子永琰，也就是後來的嘉慶帝獲封，兩人感情也最好），與翁方剛、劉墉、鐵保並稱——「翁劉成鐵」，為清代中期書壇「四大家」。

成親王自幼聰慧好學，詩文俱佳，書法尤具天賦，幼小握筆，便波磔成文，深得父皇及上書房師傅們的賞識。乾隆三十一年，他曾為十五弟永琰執扇題詩，被父皇責備效漢人書生氣，非皇子所宜，然仍謂「題畫詩句文理字畫尚覺可觀」、「幼齡所學如此尚屬可教」，但缺治國之才，未被立為帝位繼承人。

永琰即位後，因對兄長至為友愛，打破雍正以來親王不入樞廷慣例，命成王參與軍機總理戶部三庫（後被革職）。和珅被抄家治罪後，其豪華宅第便賜為成王府。

成王的書法，初以元朝趙孟頫之妍麗流暢為主，講究筆法，後聽一位老太監提起其師幼時曾見明末董其昌以拇指、食指、中指執筆懸腕作書，隨創「撥鐙法」，即執筆如踏鐙，淺易靈活轉動。

皇宮收藏豐富，成對米芾之〈蜀素帖〉真跡十分欣賞，心摹手追，故使其行書更為灑逸雋脫。西晉陸機的〈平復帖〉入宮後，一直收藏在乾隆之母處，太后去世，以「遺念」物賞予成王，他對此帖更是珍惜，便將自己書室命名為「詒晉齋」，其後又獲歐陽詢的〈化度寺碑〉宋拓佳本，在其初題跋中曾說：「癸亥秋，余以百金易此，欲朝夕臨之，始衰過二，不復氾濫百家矣。昔人謂『醴泉』、『邕師』為信本（歐陽詢）極軌，誠哉是言。」經過一段臨習之後，於二次題記中又云：「信本碑極難學者，（皇甫君）以其筆勢變恣異常盡縱橫跌宕之致，然以『化度』較之，非惟「皇甫」，即「九成」猶遜上乘矣。」後又得二佳本，長年臨摹揣仿，故其晚年楷書兼容歐、趙兩體端嚴峻峭、雍容秀潤，於書壇獨樹一幟。

嘉慶、道光年間，出現多種成王書跡及其收藏臨摹之歷代書家作品刻帖如〈詒晉齋書〉（五卷）、〈詒晉齋法帖〉（四卷）、〈壽石齋藏帖〉（四卷）、〈詒晉齋巾箱帖〉（十六續帖四卷、法書十六卷）、〈快齋樓法書〉（四卷）、〈話雨樓法書〉（八卷）、〈詒晉齋摹帖〉（十卷）等，皆為專收成王一人作品的專帖，與其他書家合刻於一帖者是不勝枚舉。之所以有如此之多，皆因其十五弟嘉慶皇帝特別讚賞其書，令諭內閣軍機將其刻石俾廣為流傳之故。

成王有清代「宗室書法第一人」的美譽，其詩文亦為其宗室中之佼佼者，均收入《詒晉齋集》及《倉龍集》中。清末楊鍾羲等編《八旗文經》，亦以成王作品入選最多。繪畫雖非成王專攻，偶一涉筆，也別有意趣，其寫意花卉以梅、竹、蘭、佛手等題材作扇冊，用篆隸筆法入畫。山水則筆墨蒼潤，疏淡雅致清代筆記中有這樣一則故事：某年秋，宣城一梅姓舉子進京會試，名落孫山，為湊錢回鄉，將刻有王士禎銘端硯一方，和偽稱的成王臨顏真卿〈爭座位帖〉一冊，售得紋銀二十兩。有人將其臨本拿給成王看，他不但不氣，反為其跋后千言，並謂自愧不如。足見其為人雍容儒雅、虛心大度也。是時，士大夫皆以能獲成王隻字片紙為榮。

（一九九七年九月一日發表於北美《世界日報》「上下古今」版。）

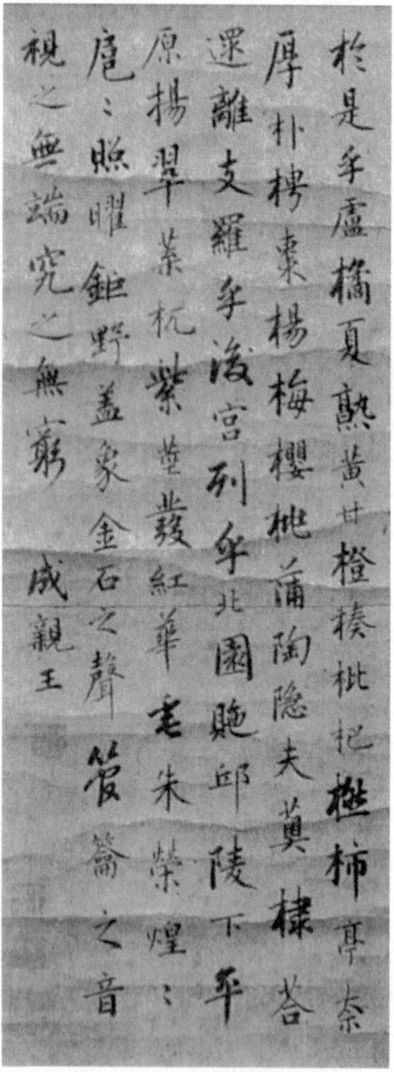
於是乎盧橘夏熟黃甘橙楱枇杷橪柿亭柰
厚朴梬棗楊梅櫻桃蒲陶隱夫薁棣荅
遝離支羅乎後宮列乎北園貤丘陵下平
原揚翠葉扤紫莖發紅華垂朱榮煌煌
扈扈照曜鉅野蓋象金石之聲管籥之音
視之無端究之無窮
成親王

成親王真跡。

二、中國第一位插圖家顧愷之

我國的插圖藝術，起源很早，相傳屈原被放，彷徨出澤，見楚國有先王廟和公卿祠，祠內繪天地山川神靈，古聖先賢怪物行事，於是畫其壁，向問而作「王問」。

《山海經》成書於戰國初年到西漢初年，原本有圖，故郭璞作有《山海經圖贊》，後來贊存而圖佚，後人依贊另作新圖。

《列女傳》，為西漢末年劉向所著，原有附圖，太平御覽卷七〇一引七略別錄云：「臣向與黃門侍郎所校列女傳，種類相從，為七篇，以著禍福榮辱之效，是非得失之分，畫之於屏風四壁」，亦有作列女傳圖者。

東晉末年，有顧愷之〈列女圖〉（見《通志圖譜》略記），雖然宋米芾畫史云：「今士人家收得唐摹顧列女圖」。或宋又摹唐，加上刻版工稚，繪制粗率，然其整體氣韻不差。

顧愷之可說我國最早的插圖家，本文所附圖一，採自古書叢刊影印阮氏文選樓刻本列女傳，其底本為南宋建安余氏劇本。卷首題有「晉太司馬參軍顧愷之圖畫」，阮福自跋亦謂：「此本除去傳頌，但度圖之高下，與米史所言三寸恰合。」

我國的人物畫，早在戰國時期已有一定水平，到了晉、唐，有顧愷之、陸探微、張僧繇、吳道子，是人物畫形成期四大家，人稱「顧陸張吳」，講求人物形象刻畫生動傳神，故在畫論稱人物畫為「傳神」。

顧愷之另有〈列女仁智圖卷〉、〈洛神賦圖卷〉傳世、〈列女仁智圖卷〉是描摹劉向「列女傳」仁智故事，畫面分十段，每段書人名和頌辭，其中主要人物為：楚鄧曼、許穆夫人、曹僖負羈妻，楚孫叔敖之母、伯宗妻、衛靈公夫人、齊靈仲子、魯漆室之女、晉羊叔姬、晉范氏母共十人，按順序排列。女子之眉有塗朱色，衣紋用較粗鐵線描出，人物形象顧盼生姿，畫風甚是古樸。

〈洛神賦圖卷〉是據三國曹植〈洛神賦〉而創作，圖中人物衣飾，採用高古游絲描繪，筆法如「春蠶吐絲」，山川樹石只勾勒染色，無皴擦，其形態與畫史所言：「人大於山，水不容泛」，畫樹似「伸臂布指」記載相吻合。故此圖難為宋人摹本，但不失魏晉六朝古樸畫風。

顧氏字長康，小字虎頭，無錫人。在替穆帝時曾做過桓溫和殷仲堪的參軍。義熙年初，為散騎常侍，人稱虎頭將軍。其人博學有才，善丹青，圖寫特妙，深得謝安敬重，被認自有蒼生以來未智者。顧有三絕、才絕、畫絕、癡絕。顧氏每畫人成，或數年不點睛，人問之，答曰：「傳神寫照，正在阿堵中。」

三、鐵生酒狂
——奚岡

奚岡為我國清代著名畫家之一，在僑居杭州以畫成名的畫家中，於華嵒之後，他被推為第一人。

華嵒是閩縣人，字秋岳，號新羅山人，善畫山水人物，花鳥草蟲，均能脫去時習。亦能詩，兼工書法，時稱三絕。

奚岡是安徽新安人，生於乾隆十一年（西元一七四六年），寓居浙江錢塘（杭州），初名鋼，字純草，號鐵生。此外，他還有許多別號，諸如庵、蘿龕、蒙道人、蒙道士、奚道士、鶴渚生、蝶野子、蒙泉外史、蘿龕外史、冬心先生、冬花庵主、散木居士、行九（人稱奚九）等。

他九歲能寫隸書，後工行草，模仿倪瓚。兼攻詩詞、篆刻，其畫尤有獨到之處；上追元代四大家，下及明代董其昌、李流芳，深得其神髓，亦長花鳥，頗得當代王時敏，惲壽平等之風韻。嚴謹中見洒脫，山水風格屬「婁東派」並有「吳門派」筆趣。篆刻師法丁敬，卻自成一家，疏逸清麗，流動自然，邊款多用隸書，工整精致，於拙中見放，方中求圓，與丁敬、黃易、蔣仁等齊名，號稱「杭郡四家」或「武林四家」，名列「西泠八家」之一，為浙派印人中之杰出者。時與詩書畫皆極絕妙之方熏，詩酒交遊，並稱「方奚」。與戴熙、湯禮祥、方熏亦合稱「四家」。且揚名海外，其作品最為琉球、韓國、日本所爭相搶購。

有關「鐵生」一號，據說乾隆南巡，他方應童子試，杭州知府繫之至，使畫行在白壁。他說：焉有屬畫而繫至者，頭可斷，畫不可得。繫者曰：爾非童（銅）生，乃鐵生也。因此自號鐵生。

他為人僻介，以世俗不容，閉門謝客，有大官求字，若其人品不高，亦不見不應，平生嗜酒，每醉豪氣淋漓，遇有不如意之事，即大罵同席人，有時還放聲大哭，故人多以「酒狂」稱之。

童試之後，終生不再試，有兩湖總督汪志伊者，後調閩浙，曾推舉他為孝廉方正，亦拒而不受，以布衣終其一生。晚年否極，非但旬日之內連喪四子，緊接家遭火毀，搬遷後母復去世，未幾即病故矣。時嘉慶八年（西元一八〇三年）十月二十四日，得年五十八歲。著有《冬花盦燼餘稿》、《蒙泉外史印譜》等。

筆者收藏其作品一幅，題記為：「楊龍友負質頗異，下筆如風舒雲卷，我思其人，為臨一過。」按：楊龍友為楊文驄之字，生於明萬曆二十五年，卒於清順治三十年（西元一五九七～一六四六）；貴州貴陽人，崇禎時曾為江寧知縣；為人豪俠自喜，頗推獎名士。擅山水、蘭石。博學好書，畫法超逸，山水學黃公望而有變化，與董其昌、李流芳、邵強等為「畫中九友」，著有《洵美堂集》。

四、中國第一漫畫家

香港《大成》雜誌第二十二期，刊有陳定山一篇短文，題為〈中國第一漫畫家沈泊塵〉，筆者認為有待商榷。今將其有關內容摘錄如下，以便討論。該文開始便說：「上海報紙之有漫畫，始於沈泊塵。……時英人以殖民地作風，歧視我民族，不平等待遇之見於租界者，隨處皆是。泊塵以漫畫為諷刺，時無敢采用者。先君為申報自由談主筆，獨揭載之。一日，畫兩豬同圈，於一豬身標『英』，一豬身標『日』……所作『馮婦下車』、『黎山老母』，面目逼肖馮國璋，黎元洪……」。同期另有葦窗〈記從兄沈泊塵〉一文，從中得知：沈氏於民國二年出版「新新百美圖」，於臨終病中自覺所繪都不愜意，一一用毛筆把圖中女子面貌用黑墨塗去。卒於一九一九年，得年三十一歲。

關於誰是中國第一漫畫家？或者誰是中國漫畫的創始者的問題，豐子愷在其民國三十二年出版的《漫畫的描法》一書第二章〈漫畫的由來〉中卻這樣說：「別人都說：在我國，漫畫是由我創始的。我自己不承認這句話。只是在……大約民國十一、二年之間，我的畫最初發表在《文學週報》上，編者特稱之為『漫畫』、『漫畫』之名，也許在這時候初見於中國。但漫畫之實，我知道決不是由我創始的。大約是前清末年，上海刊行的《太平洋報》上，有陳師曾先生的即興之作，小形、著墨不多，而詩趣橫溢。可惜年代過去太久，刊物散失，無法收集實例來給讀者看。」

依據史料，筆者覺得豐氏的說法比較客觀，現在就讓我們先從豐文說起。豐氏所說的《文學週報》，是「文學研究會」的刊物；「文學研究會」民國十年成立於北京，當時他們有兩個「文學旬刊」：在北京的「文學旬刊」為《晨報》副刊之一，由王統照主編；在上海的「文學旬刊」為《時事新報》副刊之一，由鄭振鐸主編。民國十四年五月，在上海的「文學旬刊」脫離《時事新報》，獨立發行，改名為《文學週報》，仍由鄭振鐸主編。有關發表豐子愷漫畫的事，鄭振鐸在民國十四年十二月出版的「子愷漫畫」序裡說：「我先與子愷的作品認識，以後才認識他自己。第一次的見面，是在《我們的七月》上，他的第一幅畫『人散後，一鉤新月天如水』。……後來，子愷到了上海，恰好《文學週報》裡要插圖，我便想到子愷的漫畫，請愈之去要了幾幅來。」

《我們的七月》是雜誌，由OM主編，於民國十三年七月出刊，在此之前，出過一期《我們的六月》，這是豐子愷最初發表第一幅畫的時間。民國十四年五月，鄭振鐸在《文學週報》上第一個把豐子愷的畫稱之為「漫畫」的人。上海《太平洋報》，是姚雨平和葉楚傖創辦的，柳亞子協助最力，由余天遂編本埠新聞，胡樸安編外地新聞。陳師曾（西元一八七六～一九二三年）：原名衡，字師曾，號槐堂，別署朽道人，朽者，唐石簃，染倉室等，江西義寧（今修水）人，他是名詩人陳散原（三立）的長子，吳昌碩的得意門生，與齊伯白石友善、書、畫、篆刻全才。清光緒二十九年（西元一九〇三年）留學日本，在日本和魯迅是弘文學院同學。回國後，曾任北京高級師範、北京美專教授。民國四年，又和魯迅在教育部社會司同事，並於公餘之暇，二人常一起逛琉璃廠，收集碑刻拓片等。他曾為魯迅刻過幾方印，也曾為周作人刻過；魯迅翻譯的《域外小說集》，封面上這五個篆字便出自他手。他在日本是學畫的，日本是創用「漫畫」這一名詞最早的國家，漫畫之在日本也最流行最發達，因此他的畫，不能說不受日本漫畫的影響。而豐子愷於「前清末年」看到他的畫時，雖說「年紀還小」，但卻記憶猶新。後來豐氏也到日本留學，主要也是學畫，他二人的畫風頗為接近，同屬「抒情」和「文學性」很強的一類。如果說豐氏受到陳氏的影響，而二人同時又都受日本漫畫的影響，想來並不為過。由此看來，豐子愷在文章裡雖未明說：陳師曾就是中國第一漫畫家，但從他所提供的線索做假設，我們做了以上的分析和求證，與沈泊塵比起來，其可能性和可信度要高得多。

現在再來看看陳定山的說法。他所說的上海《申報》，是席子佩於清同治十一年（西元一八七二年）創刊即由老派文人周瘦鵑主編，直到民國二十一年，黎烈文自法國留學回來，而史量才這時又正想革新該刊，才交由黎烈文主編。周瘦鵑這時另編「春秋」副刊，自此申報每天有一新一舊兩個副刊與讀者見面。由此可知，沈泊塵的畫如在「自由談」上揭載，最早也是在民國初年，比陳師曾於「前清末年」稍晚，這是其一。由沈泊塵於民國二年出版的《新新百美圖》這個名字來看，他是一位求新求變的藝術家，因為在他之前，早有《百美圖》、《新百美圖》，所以他叫「新新百美圖」，但遺憾的是，他的新和變並未脫胎換骨，其格局和手法仍然和宣統元年所出版的《吳友如畫寶》相彷彿，這是其二。再者，陳所舉之畫，光以內容來說，已經是很進步很標準的「政治漫畫」或「諷刺漫畫」了，而所反映的也都是民國初年北洋政府時期的人和事，依此推測，沈氏於民國八年去世，那些畫很可能都是他在去世前一段時間的作品，所以臨終前對所有舊作自覺「都不愜意」，這是其三。再說民國八年，正是「五四」運動爆發的那年，那時一些傳單和標語上，也已有了所謂的「諷刺諭畫」、「諷世畫」、「滑稽畫」，後來統稱為「漫畫」這類的畫。到了二十年代，熱到頂點，除豐子愷外又出了許多風格漫畫家，像葉淺予、黃文農、張光宇、張正宇、丁悚、魯少飛、張樂平等。著名的刊物除《上海潑克》外，有葉淺予和張光宇主編的《上海漫畫》。著名的作品，有葉淺予的《王先生》和張樂平的《三毛》等。

五、漫畫大家豐子愷

我一直很喜歡豐子愷先生的畫和文章，在市面上只要是看到，我就會買。在大陸那段時間，我收藏的，不用說早淪於戰亂，民國三十八年我到台灣，這個習慣也始終未改，只是台灣早期，他的作品是被禁的，只有在舊書攤上偶爾才買得到。

最早被我買到的一本，是民國三十七年天津出版的《豐子愷畫存》，價錢貴得嚇人，但對我來說，卻是如獲至寶。接著又買到他著的《漫畫的描法》、《藝術趣味》、《緣緣堂隨筆》、《緣緣堂再筆》、《中文名歌五十曲》、《護生畫集》全集。後來又買到《子愷漫畫全集》、《豐子愷漫畫選繹》、《豐子愷漫畫文選集》、《豐子愷文選》、《豐子愷論藝術》、《豐子愷傳》，豐子愷繪《榮寶齋畫譜》等。

除此之外，一些舊雜誌上也有他的作品，例如《小說月報》、《宇宙風》、《人間世》、《我們的七月》、《我們的六月》、《兒童故事》等等。再則，轉載和寫他的文章，也都在我蒐購範圍之內。

小時候喜歡他的畫和文章，無非為了新鮮好奇，簡單幾筆，就能令人著迷，普普通通幾句話，在他寫來是那樣生動有趣；中老年以後再看他的作品，就不那麼單純輕鬆了。在他的筆下，充滿了人性的光輝，令人激動，也令人慚愧。以蘋果來說，一旦是變了味，失去了那種味，真不知道是否還能叫它是蘋果？人也是一樣。

由於我對他作品的喜愛，進而敬愛上他的為人。豐先生生於一八九八年十一月九日，是浙江省崇德縣人。他的第一幅畫，是〈人散後，一鉤新月天如水〉，發表於一九二四年《我們的七月》雜誌，當時署名一個「愷」字，以後多用子愷或「TK」。他的第一本畫集叫《子愷漫畫》，由《文學週報》於一九二五年十二月出版，也是中國第一本漫畫集。

豐氏不但是一位漫畫大家，同時也是一位不可多得的金石、書法、詩詞、散文和音樂藝術理論教育家，有關著作總在百種以上。當然，其中仍以漫畫居多。說起他的繪畫生涯，那要從他十歲時開始說起。十歲時，他在念私塾，便時常依《芥子園畫譜》影描人像，因為畫得好，同學們便爭相索取，後被老師知悉，命畫孔子像懸於館中，令學生們晨夕禮拜。

十七歲那年，他考取杭州省立第一師範，從李叔同學習繪畫、音樂和金石篆刻。二十二歲開始，與友人在上海創辦專科師範學校，自己擔任美術科教師。後又創立「中華美育會」，出版《美育》雜誌，並在該雜誌上發表不少美術教學論文，對當時我國的美術教育作了很大的貢獻。二十二歲到日本留學，初入東京川端洋畫學校習油畫，後進二科畫會研究，又到獨立音樂研究所學拉提琴，同時還學日、英、俄文。

那時他對本竹久夢二、蕗谷虹兒兩位畫家特別欣賞，回國後便以他們的畫風，抒寫古詩意境、兒童生活，以及社會現實，得到了廣大讀者的喜愛，和學者專家的一致好評。他也從事翻譯工作，在譯廚川白村的文學論集《苦悶的象徵》時，大文豪魯迅也在譯這本書，兩人見面時都說：「早知你在譯，我也就不譯了。」此後再譯日文書，事先彼此一定告訴對方。

他和國內一些作家其實都有來往，如茅盾、葉紹鈞、鄭振鐸、夏丏尊、胡愈之、朱自清、朱光潛、劉大白、郁達夫、俞平伯等，都極友善，曾為俞平伯的新詩集《憶》，畫過二十幅畫；他很喜歡畫楊柳燕子，俞氏曾贈他一個「豐柳燕」的徽號。

至於他對他的老師李叔同，更是尊崇，在〈我與弘一法師〉一文中曾說：「弘一法師是我學藝術的教師，又是我信仰宗教的導師，我的一生，受法師影響很大。」弘一大師五十歲時，他曾以五十幅護生畫相贈，由弘一題詩，募款出版，這就是《護生畫集》的由來。而且以此相約，弘一六十歲時繪六十幅，七十歲時繪七十幅……百歲繪百幅。弘一圓寂後，更發願為造像百尊，以垂永念，由此可知豐氏尊師重道的精神。

郁達夫曾說：「人家只曉得他漫畫入神，殊不知他的散文，清幽玄妙，靈遠處遠出他畫筆之上。」筆者讀過他的散文，深有同感。為了印證此一說法，以及明瞭他對老師為何這般尊崇，在這裡，我們引錄他一段〈弘一大師全集序〉看看：

「……他是『十分像人的一個人。』凡做人，在當初，其本心未始不想做一個十分像『人』的人，但到後來，為環境、習慣、物欲、妄念等所阻礙，往往不能做得十分像『人』，其中九分像『人』，八分像『人』的，在這世間已很偉大，七分像『人』，六分像『人』的，也已值得讚譽，就是五分像『人』的，在最近的社會也已經是難得的『上流人』了，像弘一法師那樣像『人』的人，古往今來，實在少有，所以使我十分崇仰。」

以上引錄這段，其實還不能算是他的純散文，他的純散文，比這段更自然、更幽默、更溫馨，但其共同點，都在一個『人』字。人有人性，人有人味，人有人格，失去了這一點，或者這點變質了，不知是否還能被稱為「人」。

在對日抗戰期間，他曾參加過「中國文藝家協會」，發表過〈文藝界同人為團結禦侮與言論自由宣言〉，指出：「在文字上我們不強求其相同，但在抗日救亡上我們應團結一致。」「八．一三」事起，他在「緣緣堂」書房作《漫畫日本帝國主義侵略中國史》，該書為蔣堅忍原著，他以漫畫繪製而成，文盲也看得懂，以廉價廣銷，以利抗日宣傳。可惜這本畫集現在卻很難看到了。

一九六六年，中國大陸不幸發生「文化大革命」，更不幸的是，他的「墨畫」在這次鬥爭中被排名第一，在飽受批鬥之餘，終於一九七九年九月十五日去世。生前他曾說：「我國漫畫應以陳衡恪的簡筆畫為創始，我只是進一步繼承發揚光大而已。但必如馬一浮的詩讚：「昔有顧愷之，人稱三絕才畫癡，今有豐子愷，漫畫高才驚四濵，但逢井汲歌耆卿，所至小兒知姓名。」

我在臺灣四十年，有一段時間，朋友們叫我「豐子愷迷」，來美國也將近二十年了，還買到他二幅真跡。我一直在想，最好我能為他作一件事，所以就想到了為他編一部「全集」。我把我多年來蒐集到他的資料，分為兩種，一種是文字，編成「文集」；一種是畫，編成「畫集」，兩集合起來便是「全集」了。

在「文集」方面，我把它分成三類：

（一）隨筆類：現有文章一二六篇。

（二）美術類：現有文章六四篇。

（三）音樂類：現有文章二一篇。（共計二一一篇）

在「畫集」方面，我把它分成十三類：

（一）幼幼畫集：現有畫七九幅。

（二）兒童相：現有畫八四幅。

（三）兒童生活漫畫：現有畫三七幅。

（四）學生相：現有畫六四幅。

（五）都市相：現有畫六四幅。

（六）民間相：現有畫一四四幅。

（七）戰時相：現有畫七七幅。

（八）勢餘漫畫：現有畫一三〇幅。

（九）古詩新畫：現有畫一二四幅。

（十）散見漫畫：三八幅。
（十一）插圖：五七幅。
（十二）封面：二〇幅。
（十三）護生畫集：四五〇幅。（共計一五四七幅）

此外，在豐先生的畫中，有些題目一樣，畫不一樣；有些畫一樣，題不一樣。對照欣賞，會使你覺得各有巧妙。其原因，依編者推想：其一，因為戰亂的原故，原畫毀失了，他又把它默寫出來的，這在他的文章裡也提到過；二是不斷求好，才改了又改。依編者粗略統計，有以下數幅：

題一樣畫不一樣的有：

一、被寫生的時候。
二、鑼鼓響。
三、戰爭的起源。
四、雀巢可俯而窺。

五、我家之冬。

六、好花時節不閒身。

七、月上柳梢頭。

八、翠拂行人首。

九、一肩擔盡古今愁。

十、小桌呼朋三面坐……。

十一、立等。

十二、揮毫。

十三、疑乃一聲山水綠。

十四、江流千古英雄淚。

十五、抗戰兒子十年歸。

十六、抬望眼。

十七、秋夜。

十八、兒童不知春。

十九、會議。

二十、鼓樂。

畫一樣題不一樣的有：

一、兒童世界與成人世界。

二、升旗。

三、後來新婦變為婆。

四、孤兒與嬌兒。

五、花好月圓。

六、肉的香氣。

七、功成不受祿。

八、買得一枝春。

九、細語家常。

十、張家長。（其中有同有不同）

六、號稱滁州神童、中國印聖王王孫的早年時期

有幾次農曆年，在報上可以看到王王孫先生寫的十二生肖，譬如午年寫馬、申年寫猴，簡單幾筆，生趣盎然，也十分可愛。眼看亥年又快到了，不知還能看到他的大作否。

王王孫的大名，在藝壇上是一聲雷，但對他的過去，知道的人恐怕不多，因為曾經有人請他提供傳記資料為他寫傳，他說「藝術家沒有傳記，只有作品」而加以回絕了。筆者是有心人，對他的早年從側面略知一二，在這裡拼雜提供出來，無非想讓大家對這位藝術大師多一些認識和了解。

大師約與中華民國同庚，安徽滁縣（州）人。按照中國人的習俗，農曆年除夕都貼門聯，滁縣這個地方自不例外。當時在那裡有位名士，每年到了這時節，前來祈求聯語的人門庭若市。這在王父看來，求人不如求己，王王孫如有一天也能像這位名士一樣，那怕傾家蕩產栽培他也心甘情願。

就在王王孫十一歲那年，以大草寫了一幅門聯，這使那位名士大為震驚，消息傳開，《中央日報》以〈滁州書法神童王王孫〉為題加以報導，於是「少神童」之名不脛而走。

這時北平（京）有位文學家，名叫馬豹章，也是安徽人。以前在京做官，民國以後改任交通部次長。他得知王王孫的事蹟，請每年回鄉的安徽將領陶鎮華，把王王孫帶到北平。

王王孫到北平這年是十四歲。馬以書房一院供王研究小學，並指派一位老家人專門照顧他的生活起居，如有宴請，便帶王同去。馬與齊白石、壽石公等有交往，自此王得與名流切磋藝事，且得他們賞識，並言二十年後王必超越一切金石家。

馬聞此言，對王更加蓄意栽培，命老家人每天必帶王王孫到北海國立圖書館，研讀金石、小學等有關典籍，如是約有兩年，讀盡圖書館內相關藏書，也認識了湖南才子易君左。

王十六歲返鄉，順便遊上海，得書畫金石大家吳昌碩的啟發，神遊國畫與金石妙境。返平後，馬一日本友人名叫大村西崖者，乃一考古學家（亦即商務印書館人人文庫《中國美術史》著者），想請王王孫為他治印，王對日人向無好感，迫不得已，刻一「痛飲倭奴血」交差。

詎料大村西崖非但沒有怪罪，反以其材可造，把他帶到日本入東京大考古研究院研究，「中國印聖」之名便是日本人封他的。

年二十，王日本帝大畢業，回國不久，抗日戰爭爆發，他追隨政府到了四川。民國二十七年，他以《正氣歌》刻石名震一時，中大教授宗白華、陳鐘凡、朱光潛等均極稱讚，更與胡小石、聞一多等常相討論篆刻與詩書畫。

民國二十八年，他假成都中華書局三樓舉行金石書法展，同年成為國府林森主席「清客」，參商印璽。林主席字子超，號青芝老人，以金石書法著名，當時大後方治金石者不知凡幾，唯獨看重王王孫，其造詣不難想像。

林主席有《遺集》，在民國二十九年日記中有這樣記載：「七月十八日，有王王孫善治印，寓天師洞。」、「九月二日，付彭道人石章三方，係王王孫治印。」、「九月十一日，王王孫持名章來，均款以茶點，王善治印，刻正氣歌頗得名。」

《遺集》中亦有王王孫題識，謂：「「道人椿仙持府主二石囑刻青芝老人，病腕，遲遲未能動刀，約期漢群諸君子訪余，談飲尤歡，急就二印，相攜下山，得識府主……」等。

是時，王王孫在成都展出作品二十餘次，每次不同，故留於西南之印少說也有三萬方。每次展出所得巨款，個人分文不取，悉數捐與學校以及賑災，流亡於西南的藝人亦頗得資助，因此報界稱他是「總司令」，女藝人則稱他為「唐僧肉」。

民國三十八年，王王孫來台，本想轉往香港，張道藩說：「共赴國難，不必他去。」兩句話把他留了下來。此後政府多次請他出任要職，都被他婉言辭去，連大學請他去任教都不就，寧肯清苦，不近仕途。

王王孫的藝術，不謂四絕：雖不以詩名，偶有所作，清神脫俗，一絕；大草大篆，筆力雄渾，獨異前人，二絕；以篆書畫梅，寥寥數筆，逸趣橫生，三絕；金石權威，登峰造極，四絕。

有人認為王王孫這個名字起得很怪，姓王名孫不就好了，何必又要多加一個王字呢？其實他典出「漢有王王孫不穿褲」，說來還真怪。現代的王王孫雖然他不會不穿褲，但其一生行止卻也異於凡俗，不求名利，不慕榮達，自自然然做個「落拓王孫」。

（二〇〇六年十二月十七日發表於北美《世界日報》「上下古今」版。）

翻譯篇

中國翻譯之最

翻譯工作，是為人作嫁，說來有德，是修橋鋪路，也算有功；是述而不作，像孔子一樣立言。但是，至今未見有一部「翻譯史」。筆者在平日閱讀中，發現一些翻譯先驅，感佩之餘，按年代先後分條略記於下，希望能夠引起史家的興趣和指正。

（一）我國最早翻譯經文的翻譯家，是伊朗和尚安靜。《隋書·經籍志》記載：「漢桓帝時，安息國沙門安靜，齎經至洛，翻譯最為通解。」「翻譯」一詞即出自此。

（二）國人最早的翻譯家，是唐代高僧玄奘。俗姓陳，河南人。因東土諸師宗途各異，聖曲亦有隱有顯，不知所從，遂發心周遊西域（今新疆），至印度，拜成賢為師，學瑜珈論，研鑽梵籍。他於貞觀元年（西元六二七）出發，貞觀十八年回國，以所獲梵本六百五十七部，獻與朝庭。太宗命於弘福寺翻譯群經，高宗以玉華宮為寺使玄奘居，共譯出經論七十五部，一千三百餘卷。此對佛教在我國的宣傳發展，有其極大的貢獻和深遠的影響。

（三）我國最早一部有關翻譯的書，是宋代僧人法雲撰的《翻譯名義集》，凡二十卷，以佛曲所用之語，分類編列，條理明析，如是梵語，則釋為華言，很像「英漢辭典」、「辭源」之類，是研究佛學不可缺少的一部工具書。

（四）最早把《聖經》翻譯成我國文字的翻譯家，是英國浸禮會派駐印度的宣教師馬士曼，和時任澳門葡萄牙政府翻譯官亞美尼亞人拉沙。他們二人先後花了十六年的時間，於一八二二年（清道光二年）、在印度完成第一本中文譯本《新舊約全書》。舊約裡的《聖詠集》是由一百五十篇讚美或抒情詩輯成的詩歌集，可稱為舊約是「詩經」：「雅歌」，希伯來原名為「歌中之歌」，也就是最美妙詩歌的意思，因此也可說是最早把外國詩歌翻譯成我國文字的翻譯家。

其次，是英國駐華公使威妥瑪，和中國戶部尚書董恂字醖卿，江蘇甘泉人，道光進士，於清同治三年（西元一八六四）合譯過美國詩人朗費羅的〈人生頌〉，和英國詩人拜倫的詩。稍後，王韜、嚴復等在翻譯中也引用過詩。馬君武和蘇曼殊等也都翻譯過詩。只是當時的譯詩仍取中國詩的傳統方式，不是五言古體，就是四言的詩經體或楚辭體。所選譯的詩，多含有愛國主義、人道主義和民主主義思想。

（五）我國最早培養的翻譯人材的機構，是「北京同文館」。由總理各國事務衙門因通譯缺人，奏請設立於同治元年（西元一八六二）。以英、法、德、俄各國文字及天文、格致、算、醫諸學，教授生徒。二年（西元一八六三），倣京館例，在滬設「上海廣方言館」；在粵設「廣東同文館」。庚子年（西元一九〇〇）後，京館改為「譯學館」；滬館改為「兵工學堂」。

（六）我國最早專司翻譯的機關，是「翻譯館」。由李鴻章奏請設立於同治六年（西元一八六七），時江南製造局初設於上海，以鑄造槍礮須明西學而設。置翻譯格致、化學、製造各書提調一人，口譯二人，筆述三人，校對畫圖四人。九年（西元一八七〇），廣方言館移併。譯書甚多，計成書百餘種。書分學、政、教三類。屬學者，大都為自然科學及製造、醫藥等。屬政者，官制政法。屬教者，專論耶教。當時言新學者，皆以此為智識之一大源泉。

（七）我國最早翻譯算學及自然科學的翻譯家，是華蘅芳。字若汀，江蘇無錫人。研精算術，深明格致（窮究事物之理，而推求出智識）。同治初年入曾國藩幕。國藩奏設江南製造局，蘅芳多所贊畫。及「翻譯館」開，任譯算學、天文、地質諸學門，成書十二種，一百六十餘卷。計有：《代數術》、《三角數理》、《算式解法》、《微積溯源》、《行素軒算稿》、《御風要術》、《測候叢談》、《地學淺識》、《金石識別》、《防海新論》、《行素軒文存》等。並曾先後主講於上海格致書院、湖北自強學堂、兩湖書院等長達二十餘年，成就甚眾。

（八）最早編譯《漢英詞典》的，是外籍傳教士翟理斯（Herbert A. Giles），名為「Chinese-English Dictionary」，出版於一八九二年。一八三二年，麥氏（R.H. Mathews），也是外籍傳教士，出版了另一部《麥氏漢英大辭典》（Mathews' Chinese-English Dictionary）。

以前的《漢英詞典》，一向以解釋意義為主旨，例如坊間出版者，多將「廢鐵」解為「Old iron」，正確的譯法應為「Scrap iron」。總之，一部好的詞典，在翻譯時，必須盡可能採用最接近的原文，同時又最合乎本國語法習慣的語言文字。

最接近原文而又合乎本國語言習慣的譯法，有時是可遇而不可求的，這也可以說是翻譯的最高境界。然而，原文和譯文每字和每句都要銖兩悉稱是絕不可能的，只是一位爐火純青的翻譯家，卻可以使兩種語言達到最接近的地步而已。

由中國人作這件工作的，是林語堂：原名和樂、玉堂，筆名宰我、豈青、薩天師，一八九五年生，福建龍溪人。上海聖約翰大學文科畢業，由校方推薦到北京清華大學任英文教員，並研究中國文學，開始在《新青年》發表文章。後留學美國哈佛大學，轉德國耶拿大學、萊比錫大學，研究語言學，獲博士學位。回國後任北大英文教授，在《晨副》、《語絲》、《奔流》等刊物發表文章，提倡「幽默」。後在北師大任講師、女師大任教授兼教務長，廈門大學語言教授、文科主任、兼研究院總秘書、外交部秘書、中央研究院上海分院英文編輯、中國民權保障同盟執行委員等職。創辦《論語》、《人間世》、《宇宙風》等刊物。著作等身。

在一九七二年香港出版的《當代漢英詞典》緣起中他說：「編一部中文詞典，以仿牛津簡明字典，是我數十載的夙願。民國三十三年，書成，共六十餘冊，由家兄憾廬及海戈先生編成。抗戰初發，燬於兵火，僅餘帶走美國之十三冊。三十年來懷此志，民國五十五年，退隱臺北，七載辛勤，始償素願……」足見其完成一大工程之不易。

（九）最早將西歐進化思想、科學思想、政治學、經濟學等輸入我國的翻譯家，是嚴復。字幾道，福建福州市人。光緒三年（西元一八七六）留英，學高等數學、物理及海軍戰興。課餘閱讀亞丹、斯密、邊沁、孟德斯鳩、赫胥黎等人著作。光緒五年（西元一八七九）學成回國，歷任福州馬江船政學堂教習、天津水師學堂總教習、會辦、總辦、京師大學堂編譯局總辦（西元一九〇二）、復旦公學、安慶高等學堂校長、學部審定名詞館總纂、京師大學堂校長等職。

但他志在「致力於譯述以驚世」，先後譯出《天演論》（西元一八九八）、《原富》、《群學肄言》、《群已權界論》、《社會通銓》、《法意》、《名學》、《名學淺說》等西方學術思想論著，對我國當時社會產生鉅大的影響。以胡適在出國留學時才使用的這個名字來說，就是因為他在梁啟超主編的《新民叢報》上，看到嚴復翻譯赫胥黎的《天演論》，取其「優勝劣敗，適者生存」之意起的，並以適之為字，可見一斑。在翻譯上，他提出「信、達、雅」三原則，也為翻譯創建一套理論體系，因此贏得「譯界泰斗」的封號。

（十）最早把西洋文學小說移植到我國的翻譯家，是林紓。字琴南，筆名冷紅生，福建閩縣人。他是光緒八年（西元一八八二年）舉人，曾在各學堂任教習、總教習。光緒二十三年（西元一八九七年）愛妻病喪，友人王壽昌（筆名曉齋主人）勸慰他做些翻譯工作寬心。林紓不諳外文，但古文根基深厚，文筆一流，於是由王壽昌口譯，他來筆述，開始翻譯法國小仲馬第一本小說，也是他的成名作——《巴黎茶花女遺事》。兩年後（西元一八九九年）該書在福州出版，異常暢銷，震驚文壇。嚴復曾形容說：「可憐一卷茶花女，斷盡支那蕩子腸。」二十八年（西元一九〇二年），嚴復聘他到京師譯書局工作，從此專事翻譯。又與魏易合作，翻譯美國女作家斯土活夫人著的《黑奴籲天錄》，也獲得成功；接著與曾宗巩、陳家麟、李世中等十多位青年學習合作，三十多年譯出一百八十餘部作品。據說他下筆神速，「耳受手追，聲於筆止」，故有「翻譯奇才」之稱。他以「意譯」為主，有「林譯小說」的美譽。

《茶花女》當年在法國由小說改編成劇本演出，在社會上曾引起至少十五年的波動，對我國也不例外。首先獲得讀者熱烈的讚賞，為它作歌寫評。我國在宋、元時代早有近代型的小說，但它一直未能側身於正統文學類型，在士大夫觀念中，它還不是文學。到了此時，梁啟超首先發表〈論小說與群治之關係〉、楚卿發表〈論文學上小說之位置〉、天僇生發表了〈論小說與改良社會之關係〉、陶祐曾發表了〈論小說之勢力及其影響〉等，提高了小說在文學和社會的地位；自此，作家們也都覺悟到，過去的舊小說已經與時代精神脫節，應該寫些具有新意義、新結構的新小說。當然，林紓的翻譯只是一個開頭，一個代表，稍後即有：周桂笙、包公毅、梁啟超、周瘦鵑、伍光建、魯迅、周作人、陳景韓、吳檮、徐卓呆等，直接或轉譯一些不同性質，不同類別的小說。

（十一）最早譯介西方劇本的翻譯家，是李石曾，原名煜瀛，河北高陽人，西元一八八一年生。父李鴻藻，曾任清朝帝師、工部、兵部、戶部、禮部、吏部尚書、軍機大臣、協辦大學士等要職，他三歲時，曾隨父入宮，覲見慈禧太后，跪拜進退，禮儀得體，慈禧大悅，撫摸其頭曰：「此子將來定成大器」。

一九〇〇年八國聯軍攻進北京，這使少年李石曾看到清廷的腐敗無能，便動了留學之念，以晚輩身份晉謁李鴻章，得到李的讚許和鼓勵，被安排在出使法國欽差大臣孫寶琦名下，以隨員身份到達法，遂成為華人留法學生和華僑在法創業第一人。

李石曾抵法後，有感於國家現況，欲學軍事，但因身高體重不夠，改學農科，其後又在著名的巴斯德研究所、巴黎大學，攻讀生物、化學等科。按說，學成回國，即可作官，但他志在作事。

一九〇五年，他在巴黎發起「進德會」，提倡「不為官，不置產」。與當時進步之士蔡元培、吳稚暉、張靜江等相結交。一九〇七年，認識孫中山，加入「同盟會」，孫稱其為友，不以會員待之。之後李在法國邀集同窗鄉友，在巴黎創設「豆腐公司」，編著《豆腐》一書，把中國人生活中的寶貝食品介紹到西方，並在巴黎創設第一家「中華飯店」，提供留法學生打工創業機會。

一九一四年，第一次世界大戰爆發。一九一五年，他在巴黎發起成立「留法勤工儉學會」，「勤以做工，儉以求學」，揭開近代留學史新篇章。第二年又成立「法華教育會」，並在其家鄉設立勤工儉學預備班「留法工藝學校」。為中國在政治、科技、教育、文化、藝術等各個領域，培植出不少棟樑之才，諸如周恩來、鄧小平、陳毅、聶榮臻、錢三強、嚴濟慈、張競生、李健吾、常書鴻、潘玉良、林風眠等。徐悲鴻到法國等地去開畫展，也是受他的鼓勵和資助。

一九二四年，馮玉祥囚禁北洋軍閥頭子曹錕，推任黃郛為代總理，新成立的國民政府當機立斷，決定令清末帝溥儀從紫禁城宮中盡快遷出，並委派時任北京警備司令的鹿鐘麟，會同李石曾等，前往溥儀處磋商，溥儀迫於形勢，當即表示願意廢除尊號。事後，國民政府為此成立「清室善後委員會」，聘任李石曾為委員長，鹿鐘麟、汪兆銘、蔡元培等為委員。委員會成立後，一面清點清宮文物；一面籌備「故宮博物院」。一九二五年十月十日下午二時，清室善後委員會在遜清皇宮北面之神武門上，嵌上由李石曾手書「故宮博物院」五個擘窠大字的青石匾額，以此宣告該院的誕生。

他一生在創辦六十多項公益事業，如中法大學、中國農工銀行、中法工商銀行、上海及日內瓦中國國際圖書館、以及世界書局等。曾任北大教授、創立中央研究院、北平研究院、出任故宮博物院院長等職。為國民黨四大元老之一。一九五六年定居台灣，一九七三年過世、葬於台北陽明山享年九十二歲。

他於光緒三十四年（西元一九〇八年）翻譯波蘭作家廖抗夫愛國劇本《夜未央》，之後又翻譯了法國蔡雷的作品《鳴不平》。不過，戲劇的引進靠演出，演出的腳本亦多為翻譯說改編，故早於劇本翻譯。如光緒二十六年（西元一九〇〇年）南洋公學學生排演的話劇《經國美談》，是梁啟超的譯本改編。一九〇七年李叔同與歐陽予倩在日本演出的《茶花女》、《黑奴籲天錄》、一九〇八年上海通鑒學堂演出的《迦茵小傳》，都是根據林紓的譯本改編的。

（十二）最早用白話文翻譯外國小說的翻譯家，是伍光建。字昭扆，筆名君朔，廣東新會人。光緒十二年（西元一八八六年）留英，習軍事、理化、數學、課餘自修文學、歷史。十七年學成回國，任教於北洋水師學堂。宣統三年（西元一九一一年）與張元濟等發起組織「中國教育會」。民國後，歷任財政部顧問、鹽務署參事、復旦大學教授。光緒三十三年（西元一九〇七年），譯出法國作家大仲馬的《俠隱記》（三個火槍手），暢銷一時，風靡全國，受到「新青年」的褒揚。胡適在〈論短篇小說〉一文中曾說：「吾以為近年譯西洋小說，當以君朔所譯諸書為第一，君朔用白話，最能傳達原書的神氣，其價值高出林紓百倍。」作家茅值、學者夏康農、葉公超、王哲甫等，也都一致稱讚。他的譯文特色，是用白話「直譯」，對於景物和人物的心理描寫，多加減縮，對結構和人物個性無關宏旨的文句、議論與西洋典故，常被刪削，長句也被分解拉直，卻仍能保持原作風格。

其實，他早期用白話編譯的西書，諸如《物理學教科書》、《西史紀要》、《帝國英文讀本》、《英文模範綱要》、《英文習用辭典》等，也都甚受歡迎。因此，他是一位被各書局爭相延聘的翻譯家。他為商務印書館翻譯一套「世界文學名著」，計有歌德童話《狐之神氣》、裴爾丁的《大偉人威立特傳》、狄更斯的《勞苦界》、蓋斯凱爾夫人的《克蘭弗》、哥爾斯密的《維克斐牧師傳》、夏洛蒂・勃朗特的《洛雪小姐遊學記》和《孤女飄零記》、薩克雷皂《浮華世界》等，可說風靡文壇，影響甚廣。另外有關政治、哲學、史學方面的書，也譯了十餘種。為上海華通書局、啟明書局、新月書店等所譯出的書也很多，故而人稱他為「譯界聖手」。

（十三）最早用白話文翻譯外國詩歌的翻譯家，是胡適。字適之，筆名有自勝生，天風‧藏暈，安徽績溪人，宣統二年（西元一九一〇）留學美國，初習農，後修哲學，開始接受杜威的實驗主義。民國六年（西元一九一七）回國，出任北京大學教授、主任、院長、校長及參政員、駐美大使、中央研究院院長等職。他首倡「文學革命」，把白話文學提昇到中國文學的正宗，為中國新詩之父，著作等身。民國七年（西元一九一八年），劉半農（復）在發表譯詩《我行雪中》導言中說：「兩年前，余得此詩於美國『Vanity Fair』月刊，嘗以詩賦歌詞各體試譯，均苦為格調所限，不能竟事。今略師前人譯經筆法寫成之，取其曲折微妙處，易于直達，然亦未能盡愜于懷。意中頗欲自造一完全直譯之文體，以其事甚難，容緩緩嘗試之。」由此可見，當時譯詩者已感到用文言譯外國詩不能盡達原意。正當此時，胡適即在同年四月《新青年》雜誌上，發表了他譯蘇格蘭女詩人林賽的〈老洛伯〉，完全使用口語白話。之後，他又陸續譯出都德、莫泊桑和契訶夫等人的短篇小說及拜倫的長詩〈哀希臘〉、易卜生的劇本《娜拉》（與羅家倫合譯）等。

（十四）我國最早一部白話文聖經，叫《和合國語譯本聖經》，是上海宣教士白漢理、楊格非、文書田、富善、狄考女（均為譯音）和一些中國同工共同翻譯的。他們從一九〇六年動工，到一九一九年出版，花費了十三年的時間才合作完成，參加工作的華人姓名多不可考，只有狄考文的助手王宣忱還有紀錄，因為他後來獨立翻譯「新約」，根據拉丁文本，於民國二十二年出版。《和合國語譯本聖經》被譽為是「最佳白話文模範作品」，它不但滿足了近代中國教會的需要，絕大多數教會都採用它，更在同一時代的中國「文藝復興」中扮演了重要角色，成為白話文運動的先鋒。

（十五）最早翻譯外國歌曲的翻譯家，是瞿秋白。曾用易嘉、宋陽、何凝等筆名，江蘇常州人。他於民國六年考進北京「俄文專修館」，自修文學、哲學、佛學。「五四」運動時，他是學聯領袖之一。曾與鄭振鐸等創辦《新社會》旬刊和《人道》月刊，提倡新文學，研究社會改革，較早接受馬克斯主義，為介紹俄國文學最早的一位翻譯家，是「文學研究會」的會員。民國九年，他應北京《晨報》、上海《時事新報》之聘，以特派員身份赴蘇俄考察，著有《餓鄉紀程》、《赤都心史》等。民國十二年一月回國，六月翻譯〈國際歌〉詞曲，發表於《新青年》季刊，並作了熱情的介紹。同年，蕭三等在莫斯科也作了譯配，在國內流傳對青年有鼓動作用。

（十六）最早出版專刊翻譯文字的雜誌，是《譯文》，民國二十三年九月十六日出版，「譯文社」發行。為月刊，每半年為一卷，每卷六期。二十四年十月起，停刊數月，二十五年三月復刊，年末復停刊，歷時約二年，計四卷二期。該刊刊有論文、小說、詩歌、散文、舉凡外國作品翻譯皆有，而其材料亦不以時代為限，古典的、現代的都有。

該刊創刊號有魯迅「前記」，略述創辦主旨，停刊有「終刊宣言」，復刊有「復刊詞」，均為魯迅所撰。每期有「後記」，並非由編者一人執筆，而是集合當期譯者後記而成。「譯文」由黃源具名主編，校稿閱樣必須經魯迅過目，由生活書店發行，復刊後改由上海雜誌公司出版。「譯文社」為同人性質；同人計有魯迅、茅盾、許遐（許廣平）、傅東華、沈起予、小默、曹靖華、郁達夫、巴金、胡風、黃源、孟十還和孫用等。

（十七）我國最早翻譯外國作家全集的翻譯家：翻譯《莎士比亞戲劇全集》（莎士比亞全集）的翻譯家，有兩位：一位是朱生豪；一位是梁實秋。分別簡述於後——

朱生豪：民國元年生，浙江嘉興人，筆名曾用朱文森、朱生、笑鴻等。十七歲被保送到杭州之江大學，主修中國文學，兼攻英文。二十一歲獲學士學位，留校任《之江校刊》英文部主任編輯，後經推薦轉入上海世界書局做英文編輯，參加《英漢四用辭典》編輯工作。民國二十四年，當「日本帝國主義欺侮中國人民氣焰很盛，譏笑中國文化落後到達莎氏全集都沒有譯本」時，他決意要「為中華民族爭一口氣」，在世界書局英文部負責人詹文滸的支持和幫助下，開始翻譯《莎士比亞全集》。其間更獲得「之江校花」他的女友也是女詩人宋清如（後來成為他的賢內助）的鼓勵和協助。

民國二十五年的秋天，《暴風雨》一齣首先脫稿，隨後兩年譯完《威尼斯商人》、《仲夏夜之夢》、《第十二夜》等喜劇和雜劇。二十六年秋，又譯完七八部，譯後即交世界書局排印。其中有幾部手稿還毀於日本礮火。二十八年他應邀入上海租界中中央政府中美日報，主編國內新聞，工作繁忙，譯事陷於停頓。三十一年與宋清如女士結婚，莎劇喜劇悲劇和雜劇都在此後兩年完成。三十三年六月忽覺肋骨疼痛，診斷結果為結核性肋膜炎，不幸於十二月底病逝。年僅三十二歲。他的《莎士比亞戲劇全集》於三十六年出版，震驚海內外。一九七八年人民文學出版社又出版以朱譯為主的《莎士比亞全集》。其中朱譯二十七部，他的同學虞爾昌為他補譯十部歷史劇。

筆者有幸於民國四十四年在臺灣桃園崁子腳（後改為內壢）中紡公司圖書館，借閱過朱譯的《莎士比亞戲劇全集》，其中有他夫人為他寫的序，至為感人。他在自序中也說：「三十一年春，目睹世變日亟，閉戶家居，擯絕外務，始得專心一志，致力譯事，雖貧窮疾病，交相煎迫，而埋頭伏案，握管不輟……以譯莎劇工作之艱巨，十年之功，不可云久，然畢生精力，殆已盡注於茲矣。」讀後為之落淚。據說，在朱氏逝世四十四周年之際，中國翻譯工作者協會，委託上海翻譯家協會，頒贈給朱夫人紀念朱生豪一塊長匾，上面題的是「譯界楷模」，朱氏自是當之無愧，恰如其分。

朱氏在其全集自序中，也曾提出他的翻譯態度：第一，他嫌其他翻譯莎氏作品的人，拘泥於原文字句，以致艱深晦澀，有失原作神韻，他說：「中國讀者耳聞莎翁大名已久，文壇知名之士，亦嘗將其作品，譯出多種。然歷觀坊間各譯本，失之於粗疏草率者尚少，失之於拘泥生硬者，實繁有徒。拘泥字句之結果，不僅原作神味，蕩焉無存，甚且艱深晦澀，有若天書，令人不能卒讀，此則譯者之過，莎翁不能任其咎也。於逐字逐句對照式之硬譯，則未敢贊同」。第二，他的翻譯準則是：「第一在求於最大可能範圍之內，保持原作之神韻；必不得已而求其次，亦必以明白曉暢之字句，忠實傳達原文之意趣。」「凡遇原文與中國語法不合之處，往往再四咀嚼，不惜全部更易原文之結構，務使作者之命意豁然呈露，不為晦澀之字句所掩避。」「每譯一段竟，必先自擬為讀者，察閱譯文中有無曖昧不明之處。又必自擬為舞臺上之演員，審辨語調之是否順口，音節之是否調和。一字一句之未愜，往往苦思累日。」綜觀其說，似與陳西瀅的「神譯」說頗為相近。朱氏也是詩人，原本著有《古夢集》（舊體詩）、《小溪集》、《丁香集》（新詩），可惜皆遭遺失或毀壞。

梁實秋：本名治華，字實秋，曾用筆名子佳、秋郎，齋名秋室，浙江杭縣人，民前十年出生於北京。民國十二年留美，獲碩士學位，為美國新人文主義白璧德的高足，深受其影響。十五年回國，曾任東南、暨南、復旦大學教授；青島、北京、中山、臺灣師範各大學教授兼系主任、院長、國立編譯館代館長、館長、參政員。也做過《時事新報》、《中央日報》副刊主編，《自由評論》、《新月月刊》主編。民國十九年，胡適曾提議翻譯《莎士比亞全集》，希望由當時頗負盛名的文學家徐志摩，聞一多、陳西瀅、葉公超、梁實秋等五人，以五年時間合力譯成，這個提議結果沒有實現，事情便落到梁實秋一人身上。

他從民國二十年著手翻譯，最先譯出《哈姆雷特》、《馬克白》、《李爾王》、《奧賽羅》、《威尼斯商人》、《如願》、《暴風雨》、《第十二夜》、《仲夏夜夢》等九部，之後由於時局動蕩，工作便停下來。一直到民國三十七年政府遷臺，才又慢慢恢復工作。終於五十六年八月六日完成出版《莎士比亞戲劇全集》，旋又補譯詩三卷，完成《莎士比亞全集》，前後一共花費三十七年的時間。

梁氏在「清華」學生時期就翻譯過西洋短篇小說和詩，他本身就是一位詩人和詩評家。留學回國後，也曾寫過一些評論和散文，也曾翻譯過《阿伯拉與哀綠綺斯的情書》、《幸福的偽善者》、《潘彼得》（英國巴蕾的現代戲劇）、《織工馬南傳》（英國依利奧脫的寫實主義小說）、《西塞羅文錄》、《咆哮山莊》（英國艾茉利・勃朗泰的小說）、《沉思錄》等對讀者有益的書，晚年更寫成《英國文學史》、選了《英國文學選》、譯了《世界名人傳》、編了《遠東英漢大辭典》和其他英漢字典三十多種，他的一生對於翻譯的貢獻，可以說是前無古人，後無來者，稱得上是「譯界之光」。民國七十六年十一月三日，梁氏因心臟病不幸去世，享年八十六歲。文建會和中華日報為了紀念他，為他設立一個「梁實秋文學獎」，包括「散文獎」和「翻譯獎」兩種：散文獎以敘事、抒情為主；翻譯獎有詩和散文兩項。

《莎士比亞全集》的翻譯，在我國「譯學史」上是件大事，英國十八世紀初期的翻譯理論家戴特勒，在他的《翻譯原理》一書中說：「譯者與作者的才能必須相近，只有詩人才能譯詩」，這句話正應驗在朱生豪和梁實秋兩位先生身上，他們成功地為我國文化史和翻譯史，樹起一座偉大光榮的里程碑。

（十八）我國最早翻譯「世界文學名著辭典」的翻譯家是潘壽康。

民國五十一年（西元一九六二年）潘壽康譯有《世界文學名著辭典》，由孫鳴發行並作序，志成出版社出版。該名著辭典包括東方文學十七部、希臘羅馬文學十三部、意大意文學八部、法國文學七十七部、西班牙葡萄牙文學八部、德國奧地利文學二十三部、斯干狄那維亞文學十六部、荷蘭比利時文學六部、波蘭猶太文學三部、英國文學九十二部、美國文學二十一部；合計二百八十四部。插圖一百二十八幅。實在也是一大工程。

潘壽康：廣東海南人，民國十三（西元一九二四）年三月出生。曾任軍職，民國四十（西元一九五一）年初出任《青年戰士報》（現改為《青年日報》）副刊主編，長達十年之久，另外還主編一個一週一次的《文藝周刊》。民國四十四（西元一九五五）年創辦並主編《現代文藝》，因從事譯作多年，所以在創刊號的「發刊詞」中，強調譯作與創作並重。《現代文藝》創刊後，在譯作方面的確不遺餘力，出刊一卷六期的《現代文藝》上，先後介紹了歐美作家傑克・倫敦、桑德堡、惠特曼、薩洛揚、新希臘・A・藹夫達利哇諦斯、Lawrence等作品。潘壽康說：《現代文藝》可以說是最早介紹翻譯作品的，我們介紹西洋文學創作，不是因為「外國的月亮比中國的圓」的偏見，而是藉此提供給國內寫作者觀摩、砥礪和比較的機會。

潘壽康的著作資料如下：

書名	出版社及時間	編著人
熊大木傳記資料	天一／一九九一	潘壽康等
愛國小說譯選	新中國／一九九一	潘壽康選註
岳飛研究資料	天一／一九九一	潘壽康等著
鬧鬼的房子	帕米爾／一九五二	潘壽康選註（左拉E.E. Zola等撰）
世界文學名著辭典	志成出版社／一九六二	潘壽康編
歐亨利短篇小說選	中華文藝／一九五七	潘壽康選譯（亨利歐Henry. O. Pseud撰）
世界散文選	大華文化／一九五七	潘壽康編譯
荒谷幽靈	大華文化／一九五七	潘壽康撰
台灣偵探奇案	大華文化／一九五六	潘壽康撰
我與女間諜	帕米爾／一九五二	潘壽康撰
世界文學名著要覽	河洛／一九七七	潘壽康撰
朱淑真別傳探原	天宇／一九八八	潘壽康著
清代傳奇小說	河洛／一九七七	潘壽康編譯
清代傳奇小說	國家／一九八二	潘壽康編選

話本與小說	黎明／一九七三	潘壽康撰
哭過曠野	河洛／一九七八	潘壽康編
美俄文學名著巡禮	國家／二〇〇〇	潘壽康編著
法國文學名著巡禮	國家／二〇〇〇	潘壽康編著
英國文學名著巡禮	國家／二〇〇〇	潘壽康編著
世界文學名著要覽	國家／一九九九	潘壽康編著
掠過天際哭過荒野	國家／一九九八	潘壽康選輯

詩藝錄

作　　者 / 舒　蘭
責任編輯 / 劉　璞、辛秉學
圖文排版 / 楊家齊
封面設計 / 楊廣榕

出版策劃 / 秀威經典
發 行 人 / 宋政坤
法律顧問 / 毛國樑　律師
印製發行 / 秀威資訊科技股份有限公司
114台北市內湖區瑞光路76巷65號1樓
電話：+886-2-2796-3638　傳真：+886-2-2796-1377
http://www.showwe.com.tw
劃撥帳號 / 19563868　戶名：秀威資訊科技股份有限公司
讀者服務信箱：service@showwe.com.tw
展售門市 / 國家書店（松江門市）
104台北市中山區松江路209號1樓
電話：+886-2-2518-0207　傳真：+886-2-2518-0778
網路訂購 / 秀威網路書店：http://www.bodbooks.com.tw
國家網路書店：http://www.govbooks.com.tw

2015年8月　BOD一版
定價：270元

國家圖書館出版品預行編目

詩藝錄 / 舒蘭著. -- 一版. -- 臺北市 : 秀威經典, 2015.08
面； 公分. -- (新視野 ; 6)
BOD版
ISBN 978-986-91819-9-0(平裝)

1. 言論集

078 104013258

讀者回函卡

感謝您購買本書，為提升服務品質，請填妥以下資料，將讀者回函卡直接寄回或傳真本公司，收到您的寶貴意見後，我們會收藏記錄及檢討，謝謝！

如您需要了解本公司最新出版書目、購書優惠或企劃活動，歡迎您上網查詢或下載相關資料：http:// www.showwe.com.tw

您購買的書名：________________________________

出生日期：________年________月________日

學歷：□高中（含）以下　□大專　□研究所（含）以上

職業：□製造業　□金融業　□資訊業　□軍警　□傳播業　□自由業

□服務業　□公務員　□教職　□學生　□家管　□其它_____

購書地點：□網路書店　□實體書店　□書展　□郵購　□贈閱　□其他

您從何得知本書的消息？

□網路書店　□實體書店　□網路搜尋　□電子報　□書訊　□雜誌

□傳播媒體　□親友推薦　□網站推薦　□部落格　□其他__________

您對本書的評價：（請填代號　1.非常滿意　2.滿意　3.尚可　4.再改進）

封面設計____　版面編排____　內容____　文／譯筆____　價格____

讀完書後您覺得：

□很有收穫　□有收穫　□收穫不多　□沒收穫

對我們的建議：________________________________

____

____

____

請貼
郵票

11466
台北市内湖區瑞光路 76 巷 65 號 1 樓
秀威資訊科技股份有限公司 收
BOD 數位出版事業部

（請沿線對折寄回，謝謝！）

姓　　名：＿＿＿＿＿＿＿＿　年齡：＿＿＿＿　性別：□女　□男

郵遞區號：□□□□□

地　　址：＿＿＿＿＿＿＿＿＿＿＿＿＿＿＿＿＿

聯絡電話：(日)＿＿＿＿＿＿＿＿(夜)＿＿＿＿＿＿＿＿

E-mail：＿＿＿＿＿＿＿＿＿＿＿＿＿＿＿＿＿